ISABEL I, REINA DE INGLATERRA

ISABEL I, REINA DE INGLATERRA

LA REINA VIRGEN

ENRIQUE SARASA BARA

Copyright © EDIMAT LIBROS, S. A.
C/ Primavera, 35
Polígono Industrial El Malvar
28500 Arganda del Rey
MADRID-ESPAÑA
www.edimat.es

Reservados todos los derechos. El contenido de esta obra está protegido por la Ley, que establece penas de prisión y/o multas, además de las correspondientes indemnizaciones por daños y perjuicios, para quienes reprodujeren, plagiaren, distribuyeren o comunicaren públicamente, en todo o en parte, una obra literaria, artística o científica, o su transformación, interpretación o ejecución artística fijada en cualquier tipo de soporte o comunicada a través de cualquier medio, sin la preceptiva autorización.

ISBN: 84-9764-763-7
Depósito legal: M-28406-2005

Colección: Mujeres en la historia
Título: Isabel I, Reina de Inglaterra
Autor: Enrique Sarasa Bara
Coordinador general: Felipe Sen
Coordinador de colección: Mar de Ventura Fernández
Diseño de cubierta: Juan Manuel Domínguez
Impreso en: LÁVEL

IMPRESO EN ESPAÑA – *PRINTED IN SPAIN*

ÍNDICE

Prólogo del autor 9

- I. Las tribulaciones del rey Enrique 15
- II. Interludio. Los breves reinados de Eduardo VI y María «la sanguinaria» 37
  - El reinado de Eduardo VI 37
  - El reinado de María «la sanguinaria» 44
- III. Isabel I, reina de Inglaterra 53
  - La coronación de Isabel 55
  - María Estuardo, reina de los escoceses y delfina de Francia 58
  - La enigmática «Reina Virgen» 67
  - Un hombre llamado Robert Dudley 72
  - La candidatura del Archiduque Carlos 76
  - Lord Darnley y el asesinato de David Riccio ... 78
- IV. Las guerras de religión francesas 83
  - La fracasada política matrimonial anglo-francesa 86
  - La noche de San Bartolomé 89
- V. La reina destronada. Prisión para María Estuardo 93
  - Las intenciones conspirativas del duque de Norfolk 99
- VI. El establecimiento de la iglesia anglicana (1559-1603) 105
  - Introducción: el marco de la Reforma 105
  - Isabel y la reforma anglicana 107

VII.	Prolegómenos de la guerra con España: de la rebelión de los Países Bajos a la muerte de María Estuardo	113
	Isabel I y Francisco de Alençon	118
	Babington y la sentencia de muerte de María Estuardo	125
VIII.	Entra en escena la Invencible	137
	La guerra franco-española, la intervención inglesa y la segunda Armada «invencible»	149
IX.	Los últimos años del reinado	157
	Lord Essex y la cuestión irlandesa	157
X.	El fin	169
	¿Al fin el sucesor?	171
	La cuestión irlandesa	172
	El Parlamento de 1601 y el «Golden Speech»	174
	El fin	176
Cronología		179
Bibliografía		189

A mis padres, Ángel y María Pilar, que me han enseñado todo lo que importa.

PRÓLOGO DEL AUTOR

Heredera de la luminosidad vital del Renacimiento y de los planteamientos absolutistas de su tiempo, la reina Isabel se ha convertido, por méritos propios, y más que ningún otro rey o reina de Inglaterra, en uno de los personajes más importantes de la Historia de Europa. Su personalidad, una de las más complejas y enigmáticas de su tiempo, ha generado igual número de luces que de sombras. ¿Fue una soberana justa y benigna con su pueblo, como aseguran sus hagiógrafos, o, por el contrario, se acerca más a la realidad la imagen que la muestra como una mujer hipócrita, lujuriosa, envidiosa y mezquina, ávida de sangre y de venganza?

Mientras Isabel fue reina, Inglaterra vivió el país uno de los momentos más dulces y prósperos de toda su historia. Llevó a su reino más alto de lo que nunca jamás había llegado, tanto política, como económica, como social, como culturalmente, tanto, que aún hoy en día muchos ingleses consideran aquel tiempo, con cierto cariño, como el más eximio de toda su historia. La iconoclasta imagen que se construyó de ella y de su época queda de manifiesto en estas líneas procedentes del ensayo *The Age of Elizabeth*, del decimonónico Sir Walter Raleigh:

La época isabelina es la más gloriosa y, en cierto modo, la más significativa de la historia inglesa. Ser inglés es ser compatriota de hombres como Cromwell y Milton, Chatham y Johnson. Pero muchos ingleses renunciarían a tan altos títulos antes que renunciar a su hermandad con Drake y Sidney, Bacon y Raleigh, Spenser y Shakespeare. Si estos nombres se olvidaran, desaparecería la mitad del orgullo nacional. Son más nuestros que los grandes hombres de las épocas posteriores (...) Sus figuras se iluminan con la gran luz que de repente reveló a los ingleses la enormidad de su nación, y que les sirvió para construir los destinos del mundo entero.

Conocemos, gracias a sus retratos, cómo era su apariencia exterior. De los rasgos de esta dama destacaban su nariz aquilina, su alta frente, sus rojos cabellos y unos ojos penetrantes que a medida que pasaron los años fueron reflejando mayor frialdad y cansancio. Se destaca también el noble porte de su cabeza, su seguridad y su gélida mirada, además de un imborrable sello de altanería producto de su personalidad elusiva. Se retrata siempre con trajes recargados y extravagantes, suntuosos y lujosos, plenos de joyas y de esmeradas telas.

Mas ¿cómo era realmente la reina Isabel? ¿Cuál es la auténtica naturaleza de los enigmas que rodearon a la soberana que más testimonios controvertidos ha levantado? No hay duda de que fue una mujer excepcional, y no sólo por las circunstancias que le llevaron a comandar Inglaterra, también por su personalidad, pues se negó a interpretar el papel que, por su sexo, le correspondía. Así, a diferencia de la mayor parte de las mujeres de su tiempo, nunca tuvo que representar en los asuntos del amor una trama cuyo contenido ignorara. Así hizo cuando se negó a formar parte de aquella partida de ajedrez que se dirimía en aquel gran tablero que era el escenario europeo, donde príncipes y princesas sólo eran meros instrumentos que servían a las ambiciones de sus padres y parientes.

Gobernó en un mundo de hombres y se ganó el respeto de cuantos estuvieron a su servicio. No aceptó la naturaleza que comúnmente se otorgaba a una reina, ni tampoco la de una mujer de su tiempo, aunque ello no significa, ya que esto nos haría incurrir en un claro anacronismo, que se adelantara a su tiempo, pues, pese a esto, ella misma se situó en una posición inferior a la del hombre, y, en una ocasión, para justificarse, dijo que bajo su endeble cuerpo de mujer reposaba el furioso corazón de un varón. Por aquel entonces se afirmaba como realidad indiscutible que el carácter inferior de la mujer inhabilitaba a la misma para los asuntos de Estado, tesis bien reforzada por razonamientos pretendidamente «científicos» y por verdades teológicas y filosóficas que, en aquel tiempo, ningún inglés se hubiera atrevido a poner en duda.

Por todo esto tuvo la reina Tudor siempre la sensación de que había de justificar su permanencia en el poder, e hizo esto, bien hábilmente, mediante el irrefutable derecho divino del poder, doctrina teológica insertada dentro de las construcciones teóricas de su época que le llevaba a considerar que, puesto que era Dios quien elegía con su omnisciente y omnipotente dedo a todos los monarcas, era un deseo del Todopoderoso que ella, y sólo ella, rigiera los destinos de Inglaterra. Igualmente Isabel, nunca inmune a los prejuicios de su tiempo, intentó paliar las torpezas y debilidades que se achacaban a su sexo siguiendo aquellos postulados concordantes a los rasgos arquetípicos que en aquella época se asociaban a los varones, evitando así que se le acusara de las maneras, sentimientos y acciones que entonces se consideraban típicamente femeninas. No hay mejor ejemplo para ello que el que dio a finales de su reinado, cuando, insensiblemente, y ante la mirada atónita de toda Europa, ordenó ejecutar a su favorito, Lord Essex, su supuesto amante, por haber cometido la osadía de levantarse en armas contra ella, dejando de lado en tal resolución cualquier sentimiento femenil que pudiera, a su parecer, entorpecer sus labores de gobierno. Dio a entender su crueldad de tal forma que el mismísimo Enrique IV, el rey de Francia, exclamó al ser informado de aquella ejecución: «¡qué rey es esta mujer!».

Jamás se casó, aún teniendo a su alrededor nobles y apetecibles pretendientes que habrían dado buena parte de sus fortunas por convertirse en reyes de Inglaterra. Pareció también negarse al sexo, e incluso pretendió esquivar, unas veces con mayor fortuna que otras, el amor. Lady Isabel desde muy pronto tejió una imaginaria máscara con la que cubrió su auténtico rostro a la que conforme pasaron los años fue haciendo más infranqueable.

Empero, ello no nos ha de dibujar necesariamente una imagen de una reina apática e impermeable al sufrimiento y al dolor, pues conservamos igualmente diversos testimonios que aluden a cómo en ocasiones, y siempre en la intimidad que le ofrecían sus allegados, Isabel se dejó arrastrar por la pasión, la ira y la desesperación, tanto en las situaciones en las que sus sentimientos pugnaban por salir como en los momentos en los que se ponía a prueba su inexorable e interminable orgullo. Esto ha llevado a muchos investigadores a considerar que tras esa fría máscara y ese rostro impenetrable había en realidad una pequeña e indefensa mujer atrapada por sus tormentas interiores.

Al afrontar una biografía de Isabel I de Inglaterra debe uno preguntarse cuál de estas dos versiones sería la más acertada, y debe, además, tratar de desentrañar, o, al menos, exponer desde diferentes puntos de vista, todos los misterios que rodearon a «la Reina Virgen». En nuestro caso, hemos concluido que todas estas explicaciones pueden compatibilizarse, y hemos mostrado así tanto a la Isabel más humana, como a la más fría. Creemos que gran parte de sus actitudes, aparte de su natural carácter, deben entenderse desde la base de que la reina era consciente de que debía utilizar cuantos ardides fueran necesarios para mantenerse en su vacilante trono. En este sentido, resulta a este autor inevitable relacionar la actitud que iba a tomar Lady Isabel desde esos momentos (al igual que tantos otros monarcas de su época) con la defendida por Nicolás Maquiavelo en *El Príncipe*, título publicado cuarenta y seis años antes de que la reina alcanzara el poder, en el que el autor italiano aseguraba que ningún gobernante estaba sujeto a norma ética alguna —que «el fin justifica los medios», en definitiva— y que la única «virtud» que éste debía cultivar era su ambición personal, pues, al ser «la avaricia uno de los vicios que aseguraban el reinado», procuraba ésta el bienestar de sus súbditos. La virtud —entendida en el sentido clásico del término— era, así, un ente secundario que el monarca podía sostener de cara a la opinión pública pero que no debía interponerse en sus tareas de gobierno. En definitiva, a diferencia de los humanistas de su tiempo, que consideraban que la «virtus» debía anteceder a todos los rasgos del gobernante, Maquiavelo aseguraba que el único objetivo que este debía perseguir tenía que ser el poder; y, en cierta forma, muchas de las decisiones de Isabel, desde aquéllas que le permitirían coquetear hipócritamente con españoles o franceses, hasta aquéllas que iban a desembocar en la notoria ejecución de María Estuardo, han de entenderse a partir de esta constante necesidad de mantener el poder.

Indagar la vida de una persona también significa entender el contexto en el que ésta se desenvolvió, y el de Isabel es uno de los más interesantes y atractivos de la Historia Moderna: el de las relaciones amorosas del rey Enrique VIII con sus seis mujeres, el del reinado de María «la sanguinaria», el de las guerras de religión francesas, el de la lastimera existencia de María Estuardo y el del desastre de la *Armada Invencible* de Felipe II. También es el de la rebelión de los Países Bajos y el de la llegada de la Reforma. En todos estos asuntos, Isabel va a jugar un papel fundamental que hará de ella una de las mujeres más fascinantes e interesantes de la Historia Moderna.

Enrique Sarasa Bara
enrique_sarasa@hotmail.com

I. LAS TRIBULACIONES DEL REY ENRIQUE

Yo no obtendré jamás la bendición de Dios, sin haber conseguido descendencia de mi cuerpo, pues se dice que Él bendice los hijos.

WILLIAM SHAKESPEARE, *A buen fin no hay mal principio*

I

El 26 de agosto de 1533, en la plenitud del estío, Ana Bolena, reina consorte de Inglaterra, se despidió de amigos y parientes, y, en compañía de algunas de sus sirvientas, se encerró en una habitación del Palacio de Placentia de Greenwich conocida con el nombre de la «Cámara de las Vírgenes». Frisaba esta dama el noveno mes de embarazo, y, tal y como exigían las reglas que se habían establecido durante el reinado de Enrique VII, debía aguardar allí, alejada del entorno de la Corte, el nacimiento del niño que, de acuerdo a lo que afirmaban todos los hechiceros, médicos y astrólogos, iba a convertirse, algún día, en el soberano de todos los territorios de Inglaterra.

Era el palacio en el que Ana se alojaba uno de los más lujosos de Europa. Lo había mandado construir Humphrie de Gloucester en tiempos de Enrique VI, a cuatro millas de Londres, y lo había bautizado, pues pensaba destinarlo al recreo, con el feliz nombre de «Placentia». A sus faldas discurrían, plácidas, las aguas del Támesis, que tantas veces, en compañía de su séquito de músicos y cortesanos, a la vista de un pueblo fascinado por las fantásticas vestes de las damas y los recargados trajes de brocado y oro de los caballeros, surcaron los reyes a bordo de sus floridas falúas. En las paredes de sus grandes salones, repletos de ricas alfombras, muebles de maderas preciosas y primorosos adornos, colgaban infinidad de ricos tapices de vivos colores junto a doseles, atributos reales y retratos de los más excelsos personajes de las grandes familias del reino. Entre sus muros se celebraban fiestas ostentosas, donde los nobles demostraban su presteza en las artes de la danza, que acompañaban muchas veces de mascaradas, saraos, representaciones de loas y variados juegos. Allí se sucedían, igualmente, pantagruélicos banquetes, que daban buena muestra del paroxismo consumista del privilegiado sector nobiliario, en los que monarcas e invitados degustaban, abundantemente regados de vino español y francés, los más variados y deliciosos manjares de su tiempo.

Muchas veces había gozado Ana de estos caros privilegios, pero ahora tenía que encerrarse allí, apartada del mundo, y aguardar, nerviosa, el día del parto.

Desde aquella habitación, acompañada únicamente por sus damas, oía la reina el sonido de las voces y pisadas de los hombres y mujeres que, siempre en frenética actividad, recorrían los pasillos del Palacio. Las ventanas, recubiertas con tapicería de Arrás, se confundían con las paredes, suntuosamente decoradas. Las flores alfombraban el suelo, y, en derredor, se disponían las blancas sábanas, los blandos cojines y los numerosos brocados que, por dictado real, habían traído hasta allí sus sirvientes.

Viéndola en aquel lugar, nadie hubiera imaginado que aquella dama indefensa de treinta y dos años de tez olivácea y ojos oscuros que, tendida en la cama más magnífica de cuantas podían encontrarse en Palacio, esperaba, nerviosa, el nacimiento de su primer bebé, hubiera desencadenado meses atrás uno de los episodios más convulsos y determinantes de la Historia de Inglaterra.

Entretanto, apartado de aquel lugar, con el semblante pálido y cansino, pero rebosante de emoción, esperaba también el rey Enrique VIII, su amante esposo. Tenía entonces cuarenta y dos años y estaba a tres de presentar la impresionante imagen que inmortalizaría el conocido retrato de Holbein: «un déspota de imponente apariencia —diría Garret Mattingly al describirlo—, macizo torso de toro, piernas que semejan pilares, cabeza erguida y echada para atrás, adoptando la desafiante pos-

Isabel I de Inglaterra.

tura de este animal, quijada poblada por la barba, rictus conmiserativo en los labios, pequeña nariz de ave de presa, mientras figura en sus ojos un malicioso y escrutador destello».

Y, sin embargo, desde Roma se recordaba que, a los ojos de Dios, el rey aún estaba casado con Catalina de Aragón, la hija de los Reyes Católicos, con la que se había unido en matrimonio veinticuatro años atrás. Rumores desbocados corrían por todas las casas católicas de Europa, y, en todas, resonaba la misma pregunta, ¿cómo podía aquel rey libertino casarse con esa mujer, a la que todos veían como poco más que una meretriz, y abandonar a una esposa de una virtud tan incuestionable como la de Catalina?

No daba Enrique importancia a estas habladurías, pues, enamorado como estaba, encontraba más placer en sus sueños y esperanzas que en lo que pudieran decir aquellos a quienes había dado la espalda. Ya veía la prole nacida de aquel venturoso amor, que dejaría atrás los amargos veinticuatro años —o, al menos, así le parecían que habían sido— que había vivido con Catalina.

Mas ¿en qué momento el rey Enrique empezó a considerar que debía separarse de su esposa? Según algunos textos, que, en verdad, no pueden darse por seguros, pues fueron negados por su propio protagonista, ocurrió esto después de que John Longland, obispo de Lincoln y confesor del rey, asegurara a Enrique, tras recordarle que su esposa había estado casada previamente con su hermano —Arturo Tudor, fallecido al poco de que se celebrara la boda— que su matrimonio, de acuerdo a cierto pasaje del Levítico, en el que se decía que los hombres que contrajeran matrimonio con las esposas de sus hermanos nunca jamás darían descendencia, se había engendrado en el pecado. «Si uno toma por esposa a la mujer de su hermano —podía leerse—, es cosa impura, pues descubre la desnudez de su hermano; quedarán sin hijos».

Tal cuestión, no obstante, no había parecido plantear demasiados problemas veinte años atrás, cuando los reyes de Inglaterra y los de los territorios de España, que no querían ver rota la alianza que, a través del enlace de sus hijos, Catalina y Arturo, habían contraído —especialmente Enrique VII, que acariciaba, gozoso, la enorme suma que los Católicos le habían entregado para pagar la dote de su hija—, habían organizado el matrimonio de Enrique con la princesa viuda.

Empero, dos décadas después, esta cuestión, que parecía enterrada, resucitaba, y el nuevo esposo, ya convertido en rey, comenzaba a desdecir los argumentos que, secundado por sus padres, había defendido en el pasado. Si Arturo, decía, había llegado a yacer en el mismo lecho que en el de su esposa, ¿qué le garantizaba que su matrimonio con Catalina había discurrido de acuerdo a lo que la Ley de Dios había establecido? No en vano, de los cinco o seis embarazos que había tenido su esposa, solamente el de una niña, María, que no podía, por su sexo, sostener la corona del reino, había logrado llegar a un buen fin.

¿Era, sin embargo, sincero el rey, o arguyó tantas cuestiones, simplemente, porque deseaba separarse de su mujer y casarse con su amante?

Efectivamente, pálido el semblante, agostados los encantos, totalmente marchita por el peso de años y años de embarazos, la reina Catalina, «tan sólida, tan segura y tan lenta de movimientos como la barcaza regia de Greenwich», poco podía hacer frente a la lozanía de la atractiva e impetuosa Ana.

Entonces, ¿únicamente deseaba Enrique, aburrido de la devoción y la modestia de su esposa, «una damisela —en palabras de William Forrest— joven y fresca»?

Ningún historiador, y conste que sobre el tema se han dado las más variopintas respuestas, ha sabido responder satisfactoriamente a esta pregunta. Sin embargo, hay algo que debe quedar claro: no por estar perdidamente enamorado, dejaba Enrique de ver las consecuencias prácticas de aquel matrimonio, por lo que es posible que, en realidad, puedan cruzarse las diferentes perspectivas, tanto las católicas como las protestantes, desde las que se ha observado al monarca.

Si bien desconocemos la fecha exacta en la que se inició el idilio del rey con Ana —tenía ésta una hermana, María Bolena, que ya había sido amante del monarca, así que es probable que se conocieran a raíz de esta relación— y, mucho menos, los modos en los que ésta se desarrolló, no hay duda de que, poco después de que mediara la década de 1520, el nombre de la nueva amante real ya era bien conocido —e incluso temido— entre los principales personajes de la Corte.

Bajo la frágil apariencia de Ana, bajo aquellos cabellos azabaches, tan extraños a las mujeres inglesas, bajo aquella cabecita que constantemente tejía y destejía sueños, latía el corazón de una dama que ya había vivido mucho y que sabía muy bien cómo jugar con los sentimientos de los hombres caprichosos.

Como veía que su amante no terminaba de confiar en él, trataba Enrique, atrapado por el exótico rostro de aquella joven, por sus expresivos ojos negros y por las estilizadas formas de su cuerpo, cada vez más seductoras, de convencerle de que estaba totalmente enamorado de ella.

Pensando sobre vuestras últimas cartas —confesaría Enrique a su amada—, *me veo acosado por mil pensamientos que me torturan y que me hacen dudar sobre todo, ya que en unas frases creo descubrir una alegría y en otras todo lo contrario. Yo os ruego, enormemente, que confeséis cuáles son vuestras intenciones respecto a lo nuestro. Necesito una respuesta, rápidamente, ya que hace un año que estoy herido por el dardo de vuestro cariño, y aún no tengo la seguridad de si encontraré o no un lugar en vuestro corazón. La incertidumbre me priva del placer de denominaros dueña mía, ya que no me profesáis más que un cariño normal y corriente; mas, si estáis dispuesta a complacer los deberes de una amante fiel, dándoos en cuerpo y alma a este vuestro leal servidor, si vuestra seriedad no me lo prohíbe, os prometo que recibiréis no sólo el nombre de dueña mía, sino que apartaré de mi vera a cuantas hasta ahora han compartido junto a vos mis pensamientos y me afecto, y me dedicaré a complaceros únicamente a vos. Rendidamente, os suplico una contestación a esta mi carta, pues deseo saber hasta dónde, y para qué, puedo contar con vos. Si no deseáis contar por escrito, decidme algún lugar en donde pueda recibir la respuesta de palabra, y yo acudiré con todo mi corazón. No quiero cansaros, no sigo. Escrita de mano de quien no desea sino ser vuestro. E. Rex.*

Esta carta tuvo el efecto deseado, y tras comprobar que el rey estaba totalmente enamorado de ella, fue Ana, poco a poco, permitiéndole entrar en su vida, en sus juegos y en sus sueños.

Ordenó entonces el rey, atrapado por esa joven que tan poco se parecía a su esposa, a la sazón más trágica y silenciosa que nunca, que se reunieran teólogos, religiosos y eruditos para discutir la legitimidad de su primer matrimonio. Habló con ellos y, al final, motivado por dos grandes razones, las de su descendencia y las de la pasión, y después de que un comité de «hombres sabios y píos» dictaminase que estaba viviendo en pecado con Catalina, decidió enviar, a mediados de 1527, un emisario a Roma para que hablase, en su nombre, con Clemente VII. Solicitaba el rey al Papa, amparándose en todo lo que habían dicho esos teólogos afines a su causa, que le otorgase una dispensa que le permitiese casar con Ana Bolena.

Mandaba el rey a su representante convencido de que Clemente VII le otorgaría aquella gracia, pues había hecho él mucho por los intereses de la Iglesia —había llegado a recibir el título de «Defensor de la Fe» por ello— y creía que era aquél el mejor pago que sus servicios podían recibir.

Llegó a Roma el caballero de Enrique, un antiguo secretario llamado William Knight, y dio aviso al Papa de que venía a solicitarle audiencia para tratar un asunto secreto. Cuando le habló éste de las intenciones de su señor Enrique, Clemente no supo qué responder, pues, aunque temía que su negativa acercara a Inglaterra a la cada vez más extendida causa de los heréticos Lutero y Zwinglio, tampoco quería ponerse en contra del Emperador Carlos V, el sobrino de la reina Catalina. Determinó entonces Clemente despachar al enviado con algunas promesas, que, pese a que no le comprometían en nada, sí permitían que el rey mantuviera intactas sus esperanzas.

Sin embargo, cinco años después, y pese a estos gestos de buena voluntad, aún seguía Enrique casado con Catalina.

Fue entonces, a finales de 1532, cuando, poco después de que aceptara que el rey holgara, al fin, en su lecho, quedó Ana embarazada.

Entonces pensó Enrique, tras ser advertido de tan buena nueva, que era aquel el momento en el que debía convertir a su amante en su esposa, pues, ¿acaso no podía ser aquel niño el hijo varón que había esperado durante tantos años? Así, teniendo en la mente tan esperanzador pensamiento, y después de que el Parlamento y la Asamblea reconocieran que tenía la suficiente potestad para divorciarse de Catalina, se casó Enrique, a principios del año siguiente, con su joven amante. La unión, sin embargo, no sería conocida por el pueblo hasta el 12 de abril, cuando, en su más suntuoso y florido traje, Ana Bolena, entre el asombro y los murmullos de todos los presentes, se presentó, rodeada de sesenta damas de honor, en la misa de la capilla real. Y por si, tras aquella aparición, quedaba alguna duda del lugar que a partir de entonces iba a ocupar esta joven en la Corte, el encargado de llevar adelante la ceremonia dijo: «oremos por nuestra graciosa soberana, la reina Ana».

Cinco semanas después, el 21 de mayo, consciente de que la incómoda negativa del Papa tenía mucho que ver con la situación en la que éste se encontraba, pues, tras el «sacco» de Roma, el Sumo Pontífice se hallaba bajo la égida del Emperador Carlos V, que nunca jamás permitiría que se concediera aquella nulidad, decidió Enrique romper las relaciones de Inglaterra con Roma y adueñarse de todos sus poderes que hasta la fecha había sostenido el Papado. Tras designarse «Jefe supremo de la Iglesia de Inglaterra» proclamó la nulidad de su primer matrimonio y redujo su ex esposa, en virtud de su compromiso con Arturo Tudor, a mera «princesa viuda de Gales».

Así, pudo celebrarse, el 1 de junio de 1533, en la Abadía de Westminster, la preciosista, exagerada, estridente, llamativa, y, ante todo, extremadamente impopular, ceremonia de coronación de la segunda esposa de Enrique VIII. Desde entonces estuvo Ana en el centro de dos partidos, uno, el de aquellos cortesanos que encontraban en ella a la mujer que podría ayudarles a lograr los favores del rey, contrarios al cardenal Wolsey, gran canciller y primer ministro de Inglaterra, y otro, el de aquellos que, conscientes del bien que les haría situar en el lecho de Enrique a una dama que pudiera servir a sus intereses, hacían cuanto podían para apartar a la reina del abrazo de su esposo.

No se sentía intimidada Ana por este mundo de continuas intrigas, y únicamente aguardaba el nacimiento de la criaturita que bajo los pliegues de su vestido estaba formándose. Ese bebé, que algún día portaría la Corona de Inglaterra, habría de protegerle en el futuro, y también debería ayudarle a mantener a su lado a su inconstante esposo, que, ahora que había conseguido lo que deseaba, empezaba a posar su mirada, nuevamente, en las diferentes damas que rondaban la Corte.

Fue el de las infidelidades, ya desde muy pronto, un tema común de discordia en la pareja, e incluso sabemos que, pocos días antes de que Ana diese a luz a su primer bebé, el hasta entonces apasionado

Enrique, respondiendo a las recriminaciones que le hacía su esposa, le espetó que «ella tenía que cerrar los ojos y soportar, como habían hecho otras que valían más que ella, y que debía saber que tenía el poder de rebajarla en un instante mucho más de lo que la había elevado».

Pese a estas discusiones de pareja, Ana no se desanimaba. Al igual que Enrique, que a todos decía que Dios le premiaría enviándole un hijo varón, la reina estaba convencida de que el niño que esperaba sería el heredero del trono y que ello llenaría de gloria a todos los suyos.

Ocho meses después, a finales de agosto, cumpliendo las órdenes de su esposo, Ana Bolena, se recluyó, como antes hemos dicho, en el Palacio de Placentia. Y así, el 7 de septiembre, tras dos semanas de encierro, dio a luz, al fin, asistida por una dama de alta alcurnia, al anhelado heredero.

Y con el llanto del bebé, llegó el silencio de los reyes.

En el documento oficial que debía celebrar la llegada del heredero, redactado poco antes de que éste naciese, que hoy día se conserva en la Sala de Manuscritos de la Biblioteca Británica, puede observarse que alguien tuvo que añadir una apretada «s» para convertir al «príncipe» (*prince*) en «princesa» (*princess*).

Pues aquel príncipe, en realidad, era una niña. La princesa Isabel, la futura reina de Inglaterra.

II

El anhelado príncipe, por tanto, no era tal, mas, pese a no ser varón, aún era el vástago de un matrimonio real, y como aquel suceso no podía celebrarse sin la fastuosidad y el lujo que merecía, ordenó el rey que la princesa fuera tratada con los honores que su condición exigía. Así, el día 10 de septiembre, en una iglesia franciscana ubicada a pocos metros del Palacio de Greenwich, tuvo lugar, entre el destello de las joyas, los sombreros adornados y el lujo de los vestidos, colas y mantos, la ceremonia bautismal de la pequeña Isabel.

Alcalde y ediles —dijo Edward Hall, uno de los testigos de los actos—, *con cuarenta de los principales ciudadanos, fueron invitados al bautizo; en cuyo día el alcalde sir Stephen Peckocke, vestido de terciopelo carmesí, y todos los concejales de escarlata, con collares y cadenas, y con ellos todo el consejo de la ciudad, embarcaron en sus falúas y remaron hacia Greenwich, en donde se encontraban reunidos muchos lores, caballeros y gentileshombres. Todas las paredes, desde el Palacio Real hasta el convento de los Hermanos grises [los franciscanos] estaban adornadas con tapices, y todas las calles con una alfombra de verdes juncos.*

Por el camino, cubierto de flores, que separaba al Palacio real de la iglesia en la que iba a celebrarse la ceremonia, desfilaron algunos de los más importantes hombres de Inglaterra, «burgueses (...), gentileshombres (...), escuderos, capellanes, regidores, el alcalde, los miembros del Consejo del rey, clérigos de la capilla real (...), barones, obispos y condes». Era la pila bautismal, ubicada en el centro de la Iglesia, de plata, y a ella se accedía subiendo tres peldaños: «Encima de la pila había una baranda forrada de seda roja. Entre el coro y la nave había un espacio con un brasero para arreglar allí a la niña». Fue el padrino de Isabel el arzobispo de Canterbury, Thomas Cranmer, que tanta importancia habría de tener en Inglaterra algunos años después, y sus madrinas, pues Isabel tuvo varias, la duquesa de Norfolk, que la sostuvo entre sus brazos durante la ceremonia, la marquesa de Dorset, abuela de, como veremos, la malograda Juana Grey, y la marquesa de Exeter, que, al ser amiga de la desventurada Catalina de Aragón, tuvo que disimular el disgusto que generaba en ella el tener que estar presente en aquella celebración.

Ofició la ceremonia el obispo de Londres, y lo hizo según los ritos de la Iglesia Católica. Cuando éste terminó, el rey de armas Garter se dirigió hasta la puerta de la iglesia y exclamó: «¡Que Dios, en su bondad infinita, otorgue feliz y larga vida a la poderosa lady Isabel, princesa de Inglaterra!» Siguió a su voz el sonido de las trompetas, e Isabel, cubierta con un manto de color púrpura, fue conducida hasta el altar. Hecho esto, salieron los presentes de la iglesia y una enorme procesión compuesta por más de un millar de personas desfiló a la luz de las antorchas hacia la cámara de la reina. Algunos de los presentes marcharon a sus residencias al terminar la ceremonia, otros, deseosos de permutar la seriedad de aquellas celebraciones por la jovialidad y los excesos del vino, acudieron hasta las bodegas del palacio para estrellar sus jarras a la salud de la princesa.

Empero, ni los solemnes ritos, ni las sonrisas de los presentes, ni los vítores que constantemente se dedicaron a la recién nacida, consiguieron relajar el clima de tensión que emponzoñó todos los actos de la ostentosa ceremonia. Y tampoco lo pudieron hacer los repiques de campana, los fuegos que ardieron por toda Londres o los solemnes cánticos del *Te Deum* que en honor de Isabel resonaron en la catedral de San Pablo. Enrique VIII, demasiado afligido como para atender a tales goces, ni siquiera había hecho acto de presencia en aquellas celebraciones.

Perdido en un mar de confusión, en su Palacio, con el rostro pensativo y grave, el rey se hacía constantemente una pregunta para la que, pese a los esfuerzos, no lograba hallar respuesta, pues, ¿de qué le había servido transitar tan intrincados caminos, que le habían llevado a enfrentarse con su esposa, con el Papa, con el Emperador, y con su mismo pueblo, si ahora el burlón destino le concedía otra hija?

Decidió al fin el rey, después de largas pláticas y serias meditaciones, postrarse ante los caprichosos designios de la fortuna, e hizo en marzo de aquel año promulgar la «Ley de Sucesión», por la cual se proclamaba la bastardía de María y se otorgaba el trono a los «hijos nacidos o por nacer de Su Majestad y de su amada esposa, la reina Ana». De este modo, y hasta el nacimiento de un hijo varón, Isabel se convertía en la única persona que podía ostentar el título de princesa heredera de Inglaterra.

A los tres meses, como era costumbre, pues no convenía que los niños crecieran en el insalubre e intrigante entorno de la Corte, Enrique envió a Isabel hasta el castillo de Hatfield. Arribó allí la pequeña escoltada por algunos de los más destacados caballeros de Inglaterra, junto a numerosas doncellas vestidas con telas teñidas de vivos y vistosos colores. Quiso el rey demostrar con aquel desfile, pleno de esplendor, que persistía en sus intenciones y que, si Dios no lo impedía dándole otro hijo varón, aquel bebé se sentaría algún día en su trono.

Entre los muros de aquel castillo de paredes frías, paseando entre sus jardines, alejada de sus padres, y tratada con los privilegios de una princesa, creció la pequeña Isabel. Allí fue revelándosele el mundo, tanto el de Dios y el de la Naturaleza como el de los hombres. Dedicaba sus recreos a pasear por los verdes campos, a observar con sus pequeños ojos todo lo que había en derredor; las infinitas hierbas, las hojas de los árboles, las nubes que recortaban el cielo, o el majestuoso Sol, que se alzaba, siempre que las brumas lo permitían, por encima de todos los tejados, inundándola de luz.

Se cuidó también Enrique de llevar a su hija a los mejores maestros. No guardamos, sin embargo, testimonios de su educación, si bien imaginamos que debió discurrir de acuerdo a los cauces que años atrás había establecido el humanista valenciano Luis Vives, que ya se había encargado, a petición del mismo rey, de la instrucción de su hermanastra María:

Eran sus reglas —escribió la historiadora decimonónica Agnes Strickland al describir la formación de María— *rígidas: no debía leer la princesa libros frívolos de caballería o de aventuras, (...) En su lugar había de leer los Evangelios por la noche, y por la mañana los Actos de los Apóstoles, las Epístolas, pasajes del Viejo Testamento y las obras de san Cipriano, san Jerónimo, san Agustín y san Ambrosio; Platón, Cicerón, las* Máximas *de Séneca, el* Enquiridion *de Plutarco, las* Paráfrasis *de Erasmo y la* Utopía *de Tomás Moro. Entre las obras de los clásicos se admitía la* Farsalia *de Lucano y las tragedias de Séneca, junto a pasajes seleccionados de las obras de Horacio. Podían permitirse también algunos cuentos para distracción de la princesa, a condición de que su base fuera puramente histórica, sagrada o clásica. La única excepción era el cuento, poco emocionante, de Griselda, y además de este, la historia de José y sus hermanos.*

Tendremos que esperar a la adolescencia de Isabel para hallar un texto en el que se nos hable directamente de su educación. Así, conservamos una carta, redactada por uno de sus profesores, Roger Ascham, en la que este, refiriéndose al plan de estudios de la princesa, dice:

Ha leído conmigo la mayor parte de Cicerón y de Tito Livio, que le ha enseñado todo el conocimiento que tiene del latín. El comienzo del día está dedicado, siempre, a la lectura del Nuevo Testamento en griego. Tras esto, lee los discursos de Isócrates y las tragedias de Sófocles, que yo considero más aptas para inculcarle, además de la lengua, los más adecuados principios morales. Para la instrucción religiosa lee las Sagradas Escrituras, San Cipriano, los Loci Comunes de Menlanchthon y otras obras destinadas que le ayudan a adquirir un lenguaje más elegante. Le agrada el estilo elaborado, brillante, que no tenga metáforas demasiado artificiales ni antítesis demasiado forzadas.

Tales estudios permitieron que Isabel, vivaz, inteligente y emprendedora, dominara desde muy pronto un buen número de idiomas. Cuando solamente tenía once años ya vertió, con gran maña, al francés, al italiano y al latín libros tan intrincados como *Prayers of Meditations* (1495) de su madrastra Catalina Parr, *How We ought to Know God* de Juan Calvino, o *The Glass of Mirror of the Sinful Soul* de la princesa francesa Margarita de Angoulême.

Empero, y pese a esta rica formación intelectual y a su manifiesta inteligencia, la reina Isabel no escribió, a diferencia de otras princesas y reinas de la época, ninguna obra literaria original. Así, sólo unos pocos poemas, no demasiado significativos, y unas cartas, escritas en un estilo ciertamente ampuloso, nos han llegado de la soberana que dio nombre al periodo más glorioso de la literatura inglesa.

En cuanto a cuestiones más lúdicas, que igualmente formaban parte de la formación de la pequeña, también en ellas pareció desenvolverse bien, pues sabemos que llamaba la atención cuando trenzaba los pasos de las danzas que, según la moda, se bailaban en la Corte y que tuvo, asimismo, igual talento para la música, pues, según cuentan, se daba especial gracia en el manejo del virginal, además de en otros instrumentos, como la espineta o el laúd, típicos entre las casas nobles de la época.

III

Languidecía, entretanto, la vieja Catalina en el monasterio de Kimbolton, un lugar gris y sombrío indigno de quien una vez había caminado entre el lujo y los fastos de los más bellos palacios de

Inglaterra. No viviría ésta lo suficiente para ver la caída en desgracia de la mujer por la que Enrique le había arrebatado todo, pues el 7 de enero de 1536, cuando apenas sobrepasaba los cincuenta años, falleció. En sus últimos momentos aún tuvo fuerzas para dictar una conmovedora última carta que dirigió a quien para ella seguía siendo su amado esposo:

Mi amadísimo Señor, Rey y esposo. El día de mi muerte se aproxima y el amor que os profeso me obliga a pediros que veléis por la salud y salvación de vuestra alma, algo que debería preocuparos más que cualquier otra cosa en el mundo, pues vale ésta más que los placeres y regalos carnales, que tantas calamidades trajeron a mi persona y tantos desasosiegos a la vuestra. Por lo que a mí respecta, queda todo perdonado y rezo a Dios para que él también os perdone. Dejo a vuestra protección a nuestra hija María. No me queda sino hacer voto de que os quiero por encima de todo.

Cuando finalmente se informó al rey de la muerte de su esposa, éste no sintió ninguna lástima por ella: «¡Que Dios sea loado —exclamó—, quedamos al fin libres de todo peligro de guerra!» Se veía, al fin, liberado de la angustia que le había atenazado durante los últimos años y era tal la alegría que sentía que, según testimonió el embajador Chapuis, decidió vestirse, para festejar su dicha, «de la cabeza a los pies» con vistosos trajes de seda amarilla.

Empero, poco tiempo le duró aquel júbilo. Tres semanas después, Ana Bolena, ante la mirada desesperada de sus damas, dio a luz a un niño que nació muerto. Al ser informado de la triste nueva, según testimonia George Wyatt, Enrique comenzó a vagar por todo el palacio, desalentado, lamentándose a grandes voces por su suerte, asegurando, incapaz de comprender que era él el único causante de las obsesiones que le perseguían, que ya nunca jamás volvería a compartir el lecho con su esposa.

Entonces, cansado de aquella mujer, que parecía resucitar, de nuevo, el fantasma de Catalina, comenzó el rey a frecuentar la compañía de una de sus más devotas amantes, una dama de la Corte de cabellos rubios y ojos claros llamada Juana Seymour.

Era ésta —indudablemente, la más sumisa de las mujeres del rey— la candidata de una camarilla de nobles que pensaban medrar en la Corte a costa de la maleable pretendiente. En consecuencia, sus valedores se afanaron en, por un lado, propiciar los encuentros del rey con la amante, y, por el otro, contar al monarca cuantos rumores maliciosos conocían sobre la mujer con la que estaba casado. Escuchó Enrique todas las palabras que salían de sus bocas y, creyendo todo lo que le decían, empezó enseguida a afirmar a todos, con la misma seguridad y convicción que habían demostrado los que habían deslizado aquellos comentarios en sus oídos, que su esposa era, en verdad, una bruja que había arrebatado enteramente su voluntad a partir de arteras mañas y de innombrables y diabólicos ritos.

¿Qué otro apelativo podía dedicarse a la reina en una época en la que, pese al humanismo y al Renacimiento, aún se creía en la magia y en la quiromancia? Como bien explicó Jules Michelet en su conocida *Historia del satanismo y la brujería* todas las acciones se proyectaban por aquel entonces contra un fondo de supersticiones que había arraigado con inmarcesible fuerza varios siglos atrás; y como durante el medievo habían sido los hombres quienes habían dictado las verdades universales, habían sido, en consecuencia, las mujeres las que, a partir de los designios del otro sexo, se habían transmutado de hadas en brujas:

¡Reinas magas de Persia, maravillosa Circe! Sublime Sibila, ¡ay!... ¿Qué ha sido de vosotras? Y ¡qué bárbara transformación!... Aquella que, en el trono de Oriente, enseñó las virtudes de las plantas y el viaje de las estrellas, aquella que, junto al trípode de Delfos brillaba con el dios de la luz y daba los oráculos a un mundo de rodillas... es la misma que, mil años después, es cazada como un animal salvaje, perseguida en las encrucijadas, execrada, despedazada, lapidada, sentada sobre carbones ardientes. El clero no encuentra bastantes hogueras, el pueblo bastantes injurias, el niño bastantes piedras para lanzar contra la infortunada. El poeta (también niño) le lanza otra piedra, la más cruel para una mujer. Supone, gratuitamente, que ella es siempre vieja y fea. Ante la palabra «bruja» surgen las horribles viejas de Macbeth. Pero sus crueles procesos nos enseñan lo contrario. Muchas perecieron, precisamente, por ser jóvenes y bellas.

Empero, más que de brujerías, deberíamos hablar de soledades, pues aunque sus criados continuaban sirviéndola, y sus damas de compañía, en un desesperado intento por alejar de ella la melancolía, se esmeraban en contentarla con canciones, bailes, chanzas y juegos, las aguas de la desesperanza iban inundando poco a poco el corazón de la reina. Y como no había quien le ayudara a apartar los obstáculos que venían, como agujas, a desgarrar sus ilusiones, Ana, cansada de su esposo, empezó a frecuentar, tal vez queriendo recuperar los afectos perdidos, la compañía de los hombres que rondaban la Corte.

Al poco, era aquel lugar un avispero de rumores. Se decía que se había visto a la reina con un músico llamado Smeaton, que se había insinuado Ana a un gentilhombre de la Cámara del rey llamado Henry Norreys, que la reina daba mal ejemplo a sus damas, e, incluso, que mantenía horribles e incestuosas relaciones con su hermano. Al poco, todo tipo de historias, nacidas de la viva imaginación de los londinenses, circulaban por los más recónditos lugares del reino.

El 30 de abril el hombre que más motivos daba para sospechar de la virtud de la esposa, Mark Smeaton, miembro de la cámara del rey, «diestro bailarín» y afamado músico, fue arrestado, acusado de cometer adulterio con la reina, y trasladado a la temible torre de Londres. Siguieron a la de éste las detenciones de otros hombres, y todos, y es posible que su confesión se consiguiera mediante torturas, reconocieron su culpa en los cargos de los que se les acusaba. «El juicio de Ana Bolena —dice Antonia Fraser en *Las seis mujeres de Enrique VIII*— fue una operación cínica, que sólo se proponía un resultado: la muerte de ella. Esta muerte era necesaria para que el rey pudiera lograr un tercer matrimonio (...) Nadie tuvo duda alguna (...) de que se esperaba que se llegara a un veredicto de culpabilidad y de que se lo obtendría». Convenía, pues, demasiado al rey que Ana fuera considerada culpable como para que, independientemente de sus pecados, no acabara ésta siéndolo.

El 2 de mayo acudieron los hombres del rey hasta el palacio de Greenwich y arrestaron a la reina. La llevaron ante los comisionados que habían de dictarle sus culpas, y, después, la condujeron hasta la temible y oscura Torre de Londres, donde, entre gritos, dijo al condestable de la Torre: «Fui recibida con mayores ceremonias la última vez que estuve aquí». La convenció este de que nunca permitiría que fuera a parar a un calabozo, y, a continuación, le ofreció las lujosas habitaciones que, poco antes de la coronación, había ocupado. «Sois demasiado bueno para mí»—le contestó la reina. Y, tras el llanto, de repente, Ana comenzó a reír.

El día 15, en presencia de unas dos mil personas, se sucedió el juicio de la reina. Se abrió con las siguientes acusaciones:

Siguiendo a diario su frágil y carnal deseo, logró falsamente a través de despreciables conversaciones, tocamientos, regalos y otras infames incitaciones, que varios servidores y familiares del rey fueran adúlteros. Cedieron diversos súbditos del rey a su vil provocación (...) Consiguió con dulces palabras, besos, tocamientos, y otras cosas, a Henry Norreys (...) Incitó a William Bryerton, gentilhombre de la cámara del rey, a tener indigno contacto sexual con ella, sucediéndose el acto en Westminster (...) Consiguió que Francis Weston, gentilhombre de la cámara privada del rey, tuviera indigno contacto sexual con ella, sucediéndose el acto en Wesminster (...) finalmente, lo más horrible de todo, pues la reina (...) consiguió a George Boleyn, caballero, su propio hermano (...).

Siguió a esta acusación otra aún más grave: «La reina y otros de los traidores (...) en varias ocasiones, urdieron e idearon la muerte del rey, prometiendo la reina a algunos de los traidores que casaría con ellos».

Para todos, tanto para el jurado, como para el público, como para el rey, quedó claro que únicamente la muerte de la condenada dejaría el honor de la casa Tudor libre de toda mácula. Se preguntó entonces al esposo de qué forma había de ejecutarse a la adúltera, pues podía ser quemada en la hoguera, como correspondía a las brujas, o decapitada por la espada de un verdugo. Y así, viendo las consecuencias de una y otra opción, decidió el rey escoger la segunda.

Vivió la reina sus últimos días entre ánimos cambiantes, pues un día, se mostraba contenta, asegurando que deseaba morir, para, «a la hora siguiente decir todo lo contrario a eso». A veces, parecía estar de buen humor, para, a continuación, encontrarse con los ojos arrasados en lágrimas. Mantenía, pese a todo, la esperanza de seguir viviendo, convencida de que el rey decidiría, en el último momento, como ocurría muchas veces en esos casos, enviarla a un convento, apartada del mundo, para que pagara allí por sus pecados.

Sin embargo, esto nunca sucedió. El 19 de mayo de 1536, vestida de negro, subió Ana las escalinatas del cadalso que los hombres del rey habían levantado en Tower Green. Allí, ante el numeroso público, que tuvo que esforzarse para percibir sus palabras, amortiguadas por la distancia y el gentío, dijo, según escribió Wriothesley, con semblante sonriente: «Cristianos que me escucháis, estoy aquí para morir de acuerdo a la ley, y nada he de decir en contra de esto, y por mis ofensas no acuso a ningún hombre. Dios sabe de ellas, y a él las remito, rogándole que se cuide de mi alma». Seguidamente, pidió a Jesucristo que salvara al rey Enrique, «el príncipe más devoto, noble y gentil que existe». Tras esto, sus damas le despojaron de su manto y de su caperuza blanca, manteniéndole la cofia de lino blanco que sostenía sus cabellos, y, a continuación, le vendaron los ojos. Se situó después Ana en el lugar indicado por el verdugo de St. Omer, uno de los hombres de Inglaterra más duchos en el manejo de la espada, que había acudido hasta allí a petición de la propia condenada, que no quería que una mano inhábil alargase su sufrimiento, y allí, mientras decía: «A Jesucristo encomiendo mi alma», quedó, quieta, a la espera de la muerte.

Engañó entonces el verdugo a la reina para acortar su sufrimiento, haciéndole creer que iba a buscar su espada, cuando, en realidad, la tenía ya entre sus manos, y así, cuando, instintivamente, Ana se daba la vuelta, confiada en que nada iba a sucederle, súbitamente, el de St. Omer le propinó un fuerte golpe que separó su cabeza de su frágil cuello.

Eran las nueve en punto de la mañana. Una salva de cañón, que, por costumbre, había de dispararse, resonó entonces por todos los rincones de la ciudad de Londres, avisando a sus paralizados habitantes de que la sentencia, al fin, se había cumplido. Pronto comenzó a circular por todas partes el rumor de que, en aquel preciso instante, las velas que rodeaban la tumba de Catalina en la catedral de Peterborough, se habían encendido misteriosamente sin que ninguna mano humana las prendiera.

Nada sintió el rey ante la agonía de aquella mujer a la que pocos meses atrás había amado con total docilidad. Sólo once días después de que la cabeza de Ana rodara por el patíbulo, Enrique, que ya había olvidado todos los buenos momentos que había vivido con su segunda esposa, contraía matrimonio, en un ambiente festivo que llenó de color la Corte, con la sumisa y dulce Juana Seymour.

IV

Hacía varios años que no se vivía en Londres un acontecimiento como el que se sucedió el 12 de octubre de 1537. Sacerdotes, médicos, parturientas, criados, sirvientas, soldados y cortesanos, entre sonrisas de satisfacción y palabras de júbilo, atravesaban las salas, galerías y corredores del Palacio real. Sonaban entretanto, en todas las iglesias de Londres, las notas del *Te Deum*; ardían en las calles las hogueras conmemorativas y, repiqueteaban, enmudecidas cada poco tiempo por las salvas de los cañones, todas las campanas de la ciudad. En las calles, entre bailes, chanzas y juegos, hombres y mujeres, inspirados por las decenas de barriles de vino que su soberano había ordenado repartir, participaban en los festejos que había organizado la casa real. La reina Juana había dado a luz, al fin, a un hijo varón, el príncipe Eduardo, y su esposo, Enrique, quería que sus súbditos celebraran con él aquel dichoso acontecimiento.

La solemne ceremonia bautismal se celebró tres días después. A ella acudieron los más importantes nobles de Inglaterra y los representantes de las principales casas de la realeza europea. Sabemos que también estuvo allí, en brazos de su tío Eduardo Seymour, la pequeña Isabel, desconocedora de lo que el nacimiento de ese hijo varón significaba para ella.

Decidió el rey enviar a su hijo Eduardo a Sheffield, el lugar en el que en aquel momento también se educaba su hermanastra Isabel. Los dos niños compartirían, desde entonces, juegos, estudios y alegrías, como atestigua un texto, indudablemente idealizado, escrito, en el siglo XVII, por Thomas Heywood:

Lady Isabel vivía junto al joven príncipe, y eran activos ambos, que desde que empezaba a romper el día reclamaban sus libros. Los momentos de estudio les resultaban tan gratos que hasta parecía que no deseaban dormir, temerosos de robar tiempo a las maravillas de la lectura. Era tanta la piedad del joven príncipe de esa virtuosa vir-

gen, que dedicaban sus primeras horas a la plegaria y a otros ejercicios espirituales, como la lectura del Antiguo Testamento y el comentario de algunos textos del Nuevo. El resto de la mañana, cuando casi no habían terminado el desayuno, estudiaban las lenguas, las ciencias liberales, la moral y otras materias extraídas de los autores más cualificados para la formación de los gobernantes. Cuando al príncipe se le llamaba para que realizara las diversiones propias de su edad (puesto que el estudio sin acción es fuente de aburrimiento) lady Isabel se retiraba a su habitación para practicar sus artes en el laúd o en la viola o, si eso le cansaba, en labores de aguja. Era este el ciclo de sus ocupaciones.

Los niños, empero, no recibirían el mismo trato, pues, a partir de la caída en desgracia de Ana, la pequeña Isabel, ilegítima desde entonces, dejaría de disfrutar de buena parte de sus privilegios, como testimonia este texto de Margaret Brian Cromwell, gobernanta de la princesa:

Ahora ocurre que a milady Isabel la han sacado del grado que antes tenía; y ahora no sé en cuál está. Por tanto, no sé como he de mandarle, ni como organizarme yo misma, ni a los suyos sobre los que tengo el mando, es decir, sus doncellas y ayudas de cámara: suplicándoos que seáis un buen señor para milady y para los suyos, y que pude ella tener algunas ropas, pues no tiene ni vestido, ni combinación, no tiene ni enaguas, ni clase alguna de ropa interior, ni manto, ni hilo para sus zurcidos, ni pañuelos, ni mangas, ni encajes, ni cofias, ni corpiños, ni chales, ni velos... Todo eso necesita su gracia.

Pero el estado de felicidad que sobrevino a Enrique tras el nacimiento de Eduardo no habría de durar mucho tiempo. Mientras su bebé recibía las aguas del bautizo, Juana, debilitada por la infección que se le había originado tras el parto, languidecía en su lujosa cama, sudorosa, enferma y febril. Moriría doce días después, el 24 de octubre de 1537.

Cuando el rey Enrique supo de la triste noticia se sintió como si su corazón fuera una pesada piedra. «La providencia divina —escribiría a Francisco, el rey de Francia— ha confundido mi alegría con la amargura de la muerte de quien me trajo la felicidad».

Como prueba de que había sido la esposa que más había amado, ordenó el rey a los suyos que su cuerpo fuera enterrado junto al de ella, cuando Dios así lo decidiera, en la Capilla de San Jorge, en Windsor.

Pasaron dos años y el rey, en busca de aliados poderosos, emprendió los preparativos de un nuevo matrimonio. Se casó esta vez con Ana de Clèves, la hermana del duque protestante Wilhelm de Clèves, pues, según su asesor, Thomas Cromwell, aquel enlace permitiría consolidar la reforma protestante en Inglaterra.

El ensalzador retrato que de su prometida hizo el pintor Hans Holbein, que, según dicen, en poco reflejaba el auténtico aspecto de Ana, causó tan buen efecto en el corazón de Enrique que éste aceptó gustoso la propuesta. Por esto, aún más intensa fue la decepción que le sobrevino cuando tuvo ante sus ojos a la que iba a ser su cuarta esposa. Cuando intentó abrazarla y besarla, le invadió un enorme «disgusto y descontento de su persona», e incluso se despidió de ella, tras musitar unas breves palabras, sin darle el regalo que en los días previos había escogido para la presentación. Ni siquiera —pese a que, según el doctor Butts, lo intentó reiteradamente—, fue capaz de cumplir satisfactoriamente, ni en su noche de bodas, ni en ninguna otra, sus obligaciones dinásticas. Poco después, diría Ana, indiscretamente, a sus damas, cuando estas le comentaron que ella era, aún, una doncella: «Cuando él viene a la cama, me besa y me toma de la mano y me dice "buenas noches, querida" y de mañana me besa y me dice "adiós, querida". ¿No es eso suficiente?».

Varios meses después, Enrique repudiaba a su cuarta esposa.

Estaba el rey en trámites de separación y sus plenipotenciarios ya preparaban su siguiente enlace, que esta vez casaría a Enrique con Catalina de Howard, una jovencita de veintiún años, nieta de la duquesa de Norfolk y prima hermana de Ana Bolena, a la que el monarca, que siempre mantuvo en las cuestiones del corazón un juvenil y exacerbado romanticismo, ciertamente ingenuo, definió idílicamente en una ocasión como su «Rutilans Rosa Sine Spina» («rosa sonrojada sin una espina»). Contrajeron nupcias los dos novios el 28 de julio de 1540, el mismo día en el que, acusado de traicionar la confianza del rey y de haber abrazado la herejía, Thomas Cromwell era conducido hasta el cadalso.

Fue el destino final de esta joven, que presentaba más espinas de las confesadas, el mismo que el de Ana Bolena, pues meses más tarde fue, como su prima, acusada de adulterio y de traición y sentenciada a muerte. El 13 de febrero de 1542 cayó el hacha del verdugo sobre su joven cuello.

En la Corte se afanaron en buscar al rey una nueva esposa. Le encontraron una mujer llamada Catalina Parr que era más madura, y, por tanto, menos impetuosa e inconsciente, que sus mujeres anteriores. No era ésta bella, pero, por su personalidad y su gran inteligencia, sí resultaba atractiva. Tenía además gran talento para las artes de la política, y más aún para las de las humanidades.

Isabel pronto iba a comprobar cuán diferente era esta esposa a las anteriores, pues, al poco de verla, ésta ya la recibió con los brazos abiertos, demostrándole desde entonces un sincero afecto que la futura reina de Inglaterra iba a agradecer hasta el día de su muerte.

II. INTERLUDIO. LOS BREVES REINADOS DE EDUARDO VI Y MARÍA «LA SANGUINARIA»

> *Con estos desastres tendríais que llorar a la vez la esperanza de la feliz suerte que os espera y la pérdida inevitable de vuestro soberano al que amáis... la de este desgraciado niño que tiene que sucederle un día.*
>
> MARQUÉS SADE, *Historia secreta de Isabel de Baviera*

El reinado de Eduardo VI

En la tarde del 30 de enero de 1547 llegó a Ashridge el conde de Hertford, y, tras poner el pie en tierra, indicó a los señores de la casa que deseaba ver, inmediatamente, al príncipe Eduardo y a su hermanastra Isabel. Llamaron entonces los criados a los niños, y, una vez que, rápidamente, éstos se presentaron, el recién llegado se acercó hasta ellos y les dijo, entre palabras de ánimo y gestos de compasión, que su padre, el rey de Inglaterra, que, como ellos bien sabían, se había visto obligado a guardar cama durante los dos últimos meses por culpa de una grave enfermedad, no había podido superar, finalmente, sus males.

Sólo en su postrera hora se habían atrevido sus súbditos a comunicar al rey su grave estado, pues vaticinar la muerte de un monarca se castigaba entonces con la pena máxima, y estimaban demasiado sus cabezas quienes le rodeaban como para ponerlas a merced de los caprichosos designios de su cruel soberano, que aunque a la sazón se mostraba doliente y entristecido, aún era capaz de estremecer con su sola respiración a todos los que le rodeaban.

Quienes pudieron observar su cuerpo inerme no fueron, seguramente, conscientes de lo poco que se parecía aquel hombre de envejecida y oronda figura al joven gallardo y encantador, con «semblante de ángel» y «barba de oro», que había recogido cuatro décadas atrás la corona de Inglaterra.

Reposó su cuerpo en un ataúd enorme, por varios días, hasta que fue enterrado, de acuerdo a sus deseos, en la Capilla de San Jorge, en Windsor, junto a su tercera esposa, la reina Juana. Para decirle adiós, los lanceros rompieron ceremoniosamente sus alabardas frente a su tumba, mientras las trompetas, «con gran melodía y coraje» resonaban en toda la sala. Hecho esto, exclamaron todos para saludar la nueva etapa que, tras la muerte de ese rey, se abría para Inglaterra: «¡Vive le noble Roy Edward!».

Decidió el consejo en el que Enrique había dejado la regencia de su hijo dar todo el poder a Eduardo Seymour. Hermano de la reina Juana, y, por tanto, tío de Eduardo VI, este personaje se serviría del poder del que iba a gozar durante su cargo para afincar en Inglaterra, junto a Thomas Cranmer, los designios de la reforma protestante. Del empeño que puso en la empresa da buena cuenta el que el insigne Winston S. Churchill en su *Historia de los Pueblos de Habla Inglesa* resumiera su gobierno con las siguientes palabras: «Eduardo Seymour y Cranmer [Thomas Cranmer] procedieron a cambiar la reforma política de Enrique VIII en una revolución religiosa (...) hasta que, al menos en el papel, Inglaterra llegó a ser un Estado Protestante».

Eduardo Seymour tenía un hermano, Thomas, Gran Lord Almirante de Inglaterra, que, años atrás, había intentado desposarse con Catalina Parr. «Tan cierto como que Dios es mi Dios —le diría ésta poco después de comprometerse con el rey—, mi espíritu estaba inclinado, la otra vez que yo estaba en libertad, a casarme con vos mejor que con ningún otro hombre que yo conociera. Pero Dios se opuso a mi voluntad más vehemente, y, por su gracia y bondad, hizo lo que más imposible me parecía; es decir hizo que me apartara de mis propios deseos y a seguir los suyos».

Al poco de portar el luto, Catalina, ya libre de todo compromiso, como si los años no hubieran pasado, volvió a verse, furtivamente, con su antiguo pretendiente. Y así, cuatro meses después, logrando cumplir un viejo sueño, se unió, secretamente, en matrimonio con el apuesto Seymour.

Fue entonces cuando entró Thomas en la vida de Isabel Tudor. Al poco de la muerte del rey, la reina Catalina, demostrando así el afecto que sentía por su hijastra, había pedido al Protector que la princesa viviera con ella, y éste, no viendo inconveniente en ello, le había dado su permiso.

Era Isabel por aquel entonces una esbelta jovencita de quince años de tez pálida, cabellos rojizos, labios finos, ojos castaños, nariz aquilina, frente despejada y hermosas manos. No era, desde luego, excepcionalmente bella —aunque ella siempre se mostró orgullosa de sus atractivos—, pero, como aseguró al conocerla el embajador de Escocia, «sí resultaba graciosa». Además, no hay duda de que su educación, su inteligencia y su carácter, le permitían destacar por encima de otras que, por su aspecto, resultaban mucho más hermosas.

No fue inmune Seymour, que, pese a sobrepasar ya los cuarenta años, aún resultaba lo bastante atractivo como para ser considerado, entre las damas, «uno de los hombres más apuestos de la Corte», a las formas procaces que la naturaleza iba dando a aquella núbil jovencita. Así según testimonió Kate Ashley, empezó a participar con ella en algunos juegos de carácter erótico que, si bien no fueron tan significativos como algunos historiadores intentaron hacer creer, sí que debieron ayudar a que la joven explorase, a solas, sus más íntimas sensaciones. Así, el Almirante acostumbraba a presentarse, por las mañanas, de improviso, en la habitación de su hijastra, y tras «darle los buenos días, le preguntaba cómo le iba y le daba familiarmente pequeñas palmadas en la espalda y en las nalgas». En otras ocasiones, a sabiendas de que ésta aún no estaba vestida del todo, entraba en su cámara, consciente de la turbación que provocaba en su hijastra. Otras, se presentaba ante ella vestido con una corta bata y, tras cerrar la puerta de su habitación con llave, comenzaba a perseguirla. Sabemos también que, en una ocasión, estando en Hanworth, participaron, esposo, esposa e hijastra, en un juego, no exento de tintes eróticos, que alcanzó el clímax cuando Thomas cortó con unas tijeras, en más de cien pedazos, ayudado por su esposa Catalina, el vestido negro que la adolescente llevaba.

Poco después, y no sabemos qué llevó exactamente a la reina viuda a tomar esta decisión, mandó Catalina, embarazada en esos momentos, que Isabel fuera trasladada hasta el castillo de Cheshunt. Aunque la joven acató la orden sin que sus labios emitiesen protesta alguna, no hay duda de que se sintió desolada por tener que dejar aquella hermosa residencia que había compartido con la persona que mejor se había portado con ella en su solitaria vida.

Tras expulsar a su hijastra de su hogar, Catalina se preparó cuidadosamente para el nacimiento de la que había de ser su primera hija. Esperó, nerviosa, los días previos, buscando las atenciones de su esposo, hasta que, al final, el 30 de agosto, dio a luz a una niña a la que llamó María. El de sostener sobre sus brazos a la criaturita fue el último instante de felicidad que vivió la reina viuda, pues, al poco, comenzó a sentirse débil y a padecer unas enormes fiebres que, poco a poco, fueron devorándola. El 7 de septiembre, tras una semana de padecimientos y delirios, falleció.

Aquella muerte entristeció a Isabel como ninguna otra lo había hecho. Siendo anciana, aún recordaría con deleite el tiempo que había vivido en la agradable compañía de su madrastra. Nunca le guardó rencor alguno, e incluso, de hacer caso a una de las cartas que conservamos, escrita con la ampulosa cortesía de aquellos tiempos, parece ser que acató con gran comprensión aquella orden que le había alejado de su lado:

Me sentí muy abrumada —escribe Isabel— *por la pena al separarme de vuestra alteza, y más porque os dejaba con dudosa salud... Cuando dijisteis que me advertiríais de todos los males de que os enterarais lo sopesé más profundamente, pues si vuestra alteza no tuviera una buena opinión de mí no me habría ofrecido amistad de esta manera. Pero qué más puedo decir, sino dar gracias a Dios por disponer de amigos tales para mí, deseando que Él me favorezca con la vida amorosa de los mismos, y que vuestra gracia esté en su corazón no menos agradecida de recibirlo de lo que yo estoy ahora de escribir para demostrarlo.*

Tras la muerte de su esposa, el Almirante Thomas Seymour, decidió, consciente del bien que podría hacer a su carrera el desposarse con la segunda hermanastra del rey Eduardo, proponer matrimonio a Isabel. Desde entonces la joven se vio constantemente torpedeada por las insistencias de Thomas Parry, su tesorero, y de Kate Ashley, su gobernanta, que no dudaban en asegurarle, reiteradamente, y a veces con agobiante e interesada insistencia, las ventajas que le procuraría el desposarse con un hombre tan apuesto y poderoso como Seymour. Mas estos movimientos nunca llegaron a buen fin, pues, al poco, se descubrió la conspiración secreta que urdía el Almirante contra el Lord Protector (y que muy posiblemente explicaría el interés esponsalicio que tenía Seymour por la joven), y se envió a Thomas a prisión. El 20 de marzo de 1549, tras ser declarado culpable de alta traición, aquel hombre, hermano de una reina y viudo de otra, fue conducido hacia el cadalso.

Para muchos historiadores, fue éste el primer amor de Isabel, y su muerte causó a la joven nefandas secuelas que arrastró toda su vida. «Cuando tenía catorce años —escribió Hilaire Belloq— ocurrió un incidente que iba a tener un efecto permanente en su temperamento e influir en la totalidad de su vida. Fue el feo asunto que tuvo con su indigno tío Thomas Seymour». Sin embargo, no está tan clara la huella que este personaje dejó en su joven corazón. Así, por ejemplo, conservamos una carta, citada por el historiador italiano Gregorio Leti que si no es apócrifa, como han afirmado algunos investigadores, dice mucho de los auténticos sentimientos que Isabel guardaba por Seymour:

Mi señor, he considerado el honor que me habéis hecho (...) pero me he dado cuenta, finalmente, por las visitas que me hacéis, que guardáis otros sentimientos, de los cuales me ha hablado también otra gente (...) Así que os pido, mi señor, que vuestro corazón duerma en paz a este respecto y abandone sus intenciones, pues no tengo intención alguna de casarme, aunque si alguna vez llego a pensarlo, lo que no es probable, os aseguro que seríais el primero a quien haría reconocer mi designio.

Las acciones de Seymour aún persiguieron, sin embargo, durante algún tiempo a la adolescente, y así, cuando el Lord Protector averiguó que entre los planes de su hermano había estado el de casarse con la segunda hija de Enrique VIII, pidió a Sir Robert Tyrwhit, uno de los hombres del Consejo, que se dirigiera hasta la residencia de Isabel para comprobar si la princesa había estado al tanto de los planes conspirativos de su pretendiente.

Estaba el enviado convencido de que aquella jovencita era culpable («no quiere confesar —diría al Protector en sus sucesivas comunicaciones— ninguna actuación de la señora Ashley o del tesorero concernientes al lord Almirante y, pese a todo, yo aprecio en su rostro que es culpable, y noto que aún soportará más desdichas, antes que dejar a la señora Ashley», «es muy lista, y no se obtiene nada de ella, si no es con muchísima política», «Rotundamente niega haber sabido nada más (...) Creo que hay alguna promesa desconocida por nosotros, entre milady, el tesorero y la señora Ashley, para morir antes que confesar, y si es así nadie se lo arrancará nunca»), mas la falta de pruebas, además de los testimonios de su gobernanta y de su tesorero, en aquellos momentos encerrados en la Torre de Londres por haber servido de confidentes, permitieron que aquella princesa de quince años, que se había defendido de sus acusadores con inusitada vehemencia, fuera declarada inocente de todos los cargos que se le imputaban.

Cabe señalar, pues puede servir esto para entender los auténticos sentimientos de Isabel hacia Seymour, que en el proceso abierto contra la princesa, ella dijo lo siguiente: «Cuando murió Catalina la señora Ashley me comunicó que en Londres se decía que iba a casarme con el Almirante. Dije que no le diese la menor atención (...) Hizo lo mismo Thomas Parry, y me preguntó si aceptaría casarme con el Almirante (...) Le repliqué que eso eran castillos en el aire».

Aún hubo algo más. Durante muchos años circularon rumores —aún recogidos, erróneamente, por algunos de nuestros contemporáneos— que aseguraban que la princesa Isabel había quedado embarazada de Thomas Seymour. En *Life of Jane Dormer* —una de las damas de compañía de María Tudor— puede leerse: «Hablaban de un niño nacido y abominablemente asesinado, pero no se pudo saber de quién era. Una comadrona testificó que la llevaron desde su casa, con los ojos vendados, a un lugar en el que hizo su trabajo. Después, regresó de la misma forma. No vio en esa casa más que luz de velas y lo único que aseguró era que se trataba del hijo de una joven señora muy hermosa».

Sin embargo, este no sería más que una de las muchas historias falsas que se tejieron en torno a la reina Isabel. No hay pruebas que demuestren esto y, siendo serios, es prácticamente imposible que, en una Corte plena de embajadores, criados, nobles y damas, acostumbrada a las murmuraciones y ávida de chismes, un suceso tan visible hubiera pasado desapercibido.

En octubre de 1549 un golpe de estado orquestado por John Dudley, conde de Warwick y, desde entonces, duque de Northumberland, apartó para siempre a Eduardo Seymour de la regencia. Tres años después, también él, ante el temor, siempre latente, de que se convirtiera en el líder que aglutinara las diversas facciones rebeldes que planeaban atentar contra su sucesor, sería conducido hasta el cadalso.

Casi cuatro años después, a principios de julio de 1553, el rey Eduardo cayó enfermo, y fue tan grave la naturaleza de su mal que, al poco, todos en la Corte fueron conscientes de que aquel joven, que apenas había gobernado, nunca jamás se recuperaría. Los médicos acudían constantemente a Palacio, los sacerdotes rezaban por su salvación y los nobles que habían llegado al poder gracias al apoyo de Northumberland, que por cuatro años habían hecho lo que les había venido en gana con el reino, se estremecían ante lo que podría ocurrirles después de la muerte de su principal valedor. Había dispuesto el rey Enrique VIII en su testamento, y su palabra aún era válida, pues su hijo aún no había alcanzado la mayoría de edad, que si su heredero moría sin descendencia tenía que ser su hija María —una ferviente católica—, a quien el rey había perdonado después de que ésta aceptara, bajo coacción, que el matrimonio de sus padres nunca había sido válido, la persona que heredara la corona, y que ésta pasaría, si acontecía la misma circunstancia, a su hermana Isabel, a la que seguiría, en el caso de que ésta también falleciese, una de las princesas Grey. Temeroso de cuanto podía acaecer, se acercó Northumberland hasta el enfermo Eduardo, y comenzó a hablarle de cuantas penalidades podrían sucederse en el reino si una católica le sobrevenía. Y así, yaciente, débil, y convencido de que lo que le decía Northumberland era cierto, el rey Eduardo, de quince años, firmó un nuevo testamento en el que, tras considerar que los matrimonios de su padre con Catalina de Aragón y con Ana Bolena habían sido ilegítimos, y que, por tanto, sus dos hermanastras no tenían derecho a percibir la corona, entregó el reino a Lady Juana Grey, que a la sazón estaba casada, y he aquí la causa de esta elección, con Guilford Dudley, el hijo del regente Northumberland.

Falleció el rey-niño el 8 de julio y, rápidamente, Juana Grey fue proclamada reina. La infortunada joven, apenas niña en el momento de recoger la corona, que, sin duda, acogió la noticia de que iba a ser la soberana de tan extensos territorios con una alegría inmensa, iba a pasar a la posteridad, en realidad, por protagonizar uno de los más cortos gobiernos de cuantos había habido en la isla, pues María Tudor, gallarda y briosa mujer, bien curtida en aquel mundo de intrigas y conspiraciones, hizo valer inmediatamente, por la fuerza de las armas, su derecho al trono. La primera hija del rey Enrique no estaba dispuesta a que, a causa de los movimientos de un protector que había accedido al poder por un golpe de estado, se desvaneciese el sueño que desde niña había abrigado. Nadie, ni su hermanastra Isabel, ni el regente Northumberland, ni la usurpadora Juana, podría evitarlo, y si para ello había de jugarse la vida, ella aceptaría gustosa la apuesta.

Llamó María a los nobles que habían sido perjudicados por las acciones despóticas del protector, previno las posibilidades que tenía de derrotar a Northumberland, y mostrando su resuelta voluntad, ordenó que atacasen cuanto antes a los hombres de la reina usurpadora. Resultó tan magnífico el ejército que reunió la hija de Enrique y Catalina, y tan pobre el de la reina Grey, que ante la sola presencia de sus enemigos, y sin siquiera presentar batalla, tuvo Northumberland que rendirse.

La desgraciada Juana Grey había sido reina únicamente durante nueve días. En breve también ella sería conducida hasta el cadalso.

El reinado de María «la sanguinaria»

Celebraron los londinenses la llegada de la nueva reina con inusual jolgorio, riendo, bailando, bebiendo y cantando al calor de las hogueras. Se escucharon aquel día, en todas partes, vítores incesantes y sinceras muestras de adhesión. Iluminaban las luces toda la ciudad y se oía constantemente, fundido con el repique de las campanas, el sonido de las salvas.

Todo esto iniciaba, sin embargo, el reinado de quien iba a ser la soberana más odiada de la Historia de Inglaterra.

Las ilusiones con las que sus súbditos acogieron a la reina enmudecieron muy poco después, pues María pronto demostró que estaba más interesada en salvar sus almas que en sanar sus famélicos cuerpos.

Soñando con que el catolicismo tornase de nuevo a Inglaterra, María aceptó la proposición de matrimonio que le ofreció Carlos V en nombre de su hijo, el príncipe Felipe, el futuro rey de España. El emperador, heredero de los enormes territorios de Felipe el Hermoso y de Juana la Loca, deseaba casar a su príncipe con la reina de Inglaterra para sellar así una alianza que apartase de sus dominios a los reyes de Francia.

Sin embargo, la decisión, fruto del inmarcesible esquema imperial de Carlos V, resultaría, seguramente, tan funesta para María como para el buen reasentamiento del catolicismo en Inglaterra, pues es posible que este pueblo hubiera acogido con menor resistencia una paulatina vuelta al redil de Roma de no haber alimentado esta unión los miedos de decenas de miles de súbditos que creyeron que su reina iba a convertirles en vasallos de un soberano que no iba a tener en cuenta sus identidades y deseos y que iba a agotar las riquezas materiales y personales del reino en aras de sus innobles apetencias y caprichos.

En aquel tiempo en el que aún palpitaban con inusitado fervor los ecos de la interminable guerra franco-española nada podía asustar más al rey Enrique II de Valois, que veía ya a Francia cercada por España, Inglaterra, Alemania y los Países Bajos, que el anuncio de tan incómoda alianza. Contactó así con los jefes nobles protestantes y urdió, apoyado por su embajador Antonie de Noailles, una conspiración contra la reina que tuvo su inicio el 25 de enero de 1554. En apenas una semana Thomas Wyatt, el principal director de la revuelta, arribó junto a los suyos a Londres, y tras bordear el Támesis, pues había hallado cerradas todas las entradas, se lanzó contra la ciudad.

Había esperado Thomas Wyatt los apoyos de los habitantes de Londres, pues estaba convencido de que estos se pondrían, a la primera oportunidad, en contra de esa reina católica; sin embargo, pese a que en un principio estos parecían dispuestos a hacerlo, después, y a raíz de un brillante discurso de María Tudor, prefirieron situarse del lado de su soberana. El 7 de febrero, tras rendirse a los soldados reales, pues nada podía hacer sin la ayuda de los londinenses, cruzaba Wyatt las puertas de la Torre.

Encontraron entonces los hombres de María una carta, bien interesante, en la que este conspirador avisaba a Isabel de los peligros que podían acontecerle de permanecer en su residencia de Ashridge. A raíz de este descubrimiento, comenzaron a considerar estos que también la hermanastra del rey podía haber recorrido las aristas de la peligrosa revuelta anticatólica, haciéndose las sospechas aún más intensas cuando Wyatt, tras ser interrogado, confirmó que, efectivamente, aquella carta era auténtica y que, en consecuencia, la princesa había estado al tanto del levantamiento. Esta grave acusación fue corroborada, a su vez, por Eduardo Courtney, a quien los rebeldes habían prometido la mano de Isabel, y, con ello, el trono de Inglaterra, si secundaba las acciones golpistas.

Llegaron entonces a Ashridge los comisarios de la reina y pidieron a Isabel que fuera con ellos hasta la Corte: «Encontramos a Su Gracia —escribió uno de los enviados— llena de buenas intenciones, totalmente dispuesta a partir con nosotros, mas temía, al encontrarse enferma, que su vida corriera peligro durante el viaje; finalmente, gracias a nuestra persuasión, como a la de sus propios consejeros, decidió partir al día siguiente con nosotros para reunirse con Su Majestad».

María Tudor no sabía qué hacer ante tan grave dilema: ¿debía declarar a su hermanastra culpable de alta traición y enviarla, por tanto, al cadalso, o, por el contrario, y tal y como le decían los partidarios de Isabel, tenía que tratarla como si fuese una víctima más de las confabulaciones urdidas por el sector protestante?

No sabía la reina cómo reaccionar, así que, intentando hacer tiempo, decidió encerrar a su hermanastra, para que así no pudiera huir de la ciudad, en la sombría Torre de Londres.

Cuando la princesa Isabel fue informada de que debía dirigirse a aquel lugar que tantas veces preludiaba la muerte, se apresuró a escribir una famosa carta en la que, asustada, pero firme, decía:

Según el viejo dicho, «la palabra de un rey vale más que la de cualquier hombre», y suplico humildemente a Vuestra Majestad que la aplique a mí, y tengo que recordarle lo que me prometió, es decir, no ser condenada sin que antes me escuchéis y me respondáis; parece que aquí estoy, sin que nada haya podido ser probado, por decisión de Vuestro consejo, que me lleva a la Torre, un lugar destinado a los traidores, y no a los súbditos leales; y sé que no lo merezco, y, sin embargo, a los ojos de todo el reino ya parece que mi culpabilidad esté demostrada. Pido a Dios que me haga morir por la más terrible de alas muertes si albergo algún mal pensamiento; y, en la presente hora, protesto ante Dios (que juzgará mi verdad, a pesar de la malicia que me rodea) y juro que jamás he hecho, aconsejado, ni consentido nada que pudiera ser perjudicial para vuestra persona, o peligroso para el Estado. Por esto pido humildemente a Vuestra Majestad que me permita responder en vuestra presencia, y no tener que responder ante vuestros consejeros, antes de ir a la Torre, si es posible; antes de ser condenada. Confío en que vuestra Alteza me permitirá esto antes de que yo parta hacia allí (...) Suplico a vuestra Alteza el perdón, pues la inocencia me lleva a hacer esto, esperando vuestra bondad natural, que no me dejará sola, pues lo que más deseo es que conozcáis la verdad, pero explicada por mí misma. He oído que muchas personas han muerto porque no han podido expresarse ante su Príncipe; y también escuché que Lord Somerset habría perdonado a su hermano si se le hubiera permitido hablar antes con él (...) Estas personas no son comparables a Vuestra Majestad, pero rezo a Dios para que las malvadas persuasiones no persuadan a una hermana contra otra, porque una de ellas sólo ha escuchado falsos informes, y la verdad es esta. (...) En cuanto al traidor Wyarr, él pudo escribirme una carta, pero por mi fe, yo nunca la recibí. Y en cuanto a la copia de la carta enviada al Rey de Francia, pido a Dios que me pierda eternamente si alguna vez le envié alguna palabra, o mensaje, o carta, o cualquier otra cosa. Del súbdito más fiel de Vuestra

Majestad, desde el principio hasta mi fin. Isabel. Os pido sólo una palabra de respuesta.

María no respondió a tan insistentes y conmovedoras palabras, pues sus consejeros, que temían lo que de esta reunión podía surgir, le recomendaron que no lo hiciera.

Entretanto, seguía María con sus pensamientos. Le horrorizaba la idea de ejecutar a un miembro de su familia, y más aún en aquel momento en el que aún estaba en ciernes su boda con el príncipe Felipe. ¿Qué pensarían los suyos si obraba así? ¿Se levantarían en armas contra ella? ¿Le arrebatarían el trono por la fuerza?

Después de muchos titubeos, y temiendo los males que podrían sucederle de acabar con la vida de su hermanastra, decidió, pese a que era consciente de cuán enconada era la animadversión que Isabel sentía por ella, dejar en libertad —vigilada, por supuesto— a la prisionera.

Sir Henry Bedingfeld —escribió María a los suyos para notificarles el traslado— *quedará en nuestra casa de campo de Woodstock con algunos servidores. Nuestra hermana, pese a que aún no está limpia de las acusaciones, permanecerá allí hasta que su caso quede totalmente limpio (...) Se le tratará de manera honorable, y Sir Henry la cuidará, tratándola con todos los honores. Le permitirá paseos por el jardín, acompañada, cuando el tiempo sea propicio. Procurará que no converse con personas sospechosas.*

Poco después de que Isabel fuera trasladada a Woodstock, arribó a la costa inglesa el infante Felipe, que, además de príncipe de España, era por aquel entonces, pues su padre Carlos le había concedido el título para que el matrimonio se celebrara entre iguales, rey de Nápoles. Desembarcó en Southampton el 15 de julio de 1554 acompañado de un magnífico cortejo de tres mil personas, engalanadas todas ellas con sus mejores vestes y trajes, que maravilló a cuantos tuvieron oportunidad de verlo. Seis días después, tras entrar en Winchester, empapado por la lluvia, y tras oír misa, el rey se dirigió a Palacio. Allí le esperaba su prometida, nerviosa, plena de joyas, y ataviada con un suntuoso vestido de terciopelo negro y alto talle.

Cuando vio a la mujer de treinta y ocho años con la que iba a casarse, el príncipe perdió todo el ánimo que había mostrado durante el viaje, pues, según señala Cabrera, no esperaba encontrarse con una mujer de tan envejecido aspecto.

Efectivamente, el paso del tiempo, las penalidades sufridas y una vida llena de inquietud habían agostado con sorprendente premura los juveniles encantos de María.

Tuvo, por tanto, que disimular Felipe sus gestos, cuando, siguiendo los designios de la galantería inglesa, se acercó hasta su prometida para besar sus labios.

María, en cambio, se sintió totalmente encandilada ante la presencia del joven español, pues, como acertadamente comentó Martín Hume, «aquella pobre dama, famélica de amor toda su vida, traicionada y vejada por los que más obligados estaban a mostrarle rendimiento (...) había encontrado al fin en aquel joven hermoso y apuesto (...) un ser a quien amar sin temor ni falta».

La boda se celebró diez días después en la catedral de Winchester. El rey Felipe aceptaba los designios de su padre, ofreciendo sus enormes recursos a la reina, y ésta, a cambio, se comprometía a dar un hijo que sellaría aquella unión y que gobernaría algún día los territorios de España e Inglaterra.

Cuando a finales de 1554 comunicó María a los miembros de la Corte que se hallaba en estado de buena esperanza, reaccionaron estos, especialmente los católicos, con gran alborozo. Con ello, se abría la vía que permitiría unir, si todo salía bien, a Inglaterra y a España bajo una misma corona.

La soberana, complacida en sus ensueños, a todos decía que aquel retoño era un regalo que el Señor le enviaba para recompensarle la labor que había emprendido en pos de la fe católica. Creía que, al fin, sus larguísimas penurias habían terminado. Tenía un reino, un esposo y, pronto, Dios le daría también un hijo. ¿Y acaso una reina podía aspirar a algo más?

Fueron así, poco a poco, cayendo los días, hasta que, a finales de abril, la soberana salió de cuentas. Esperaban todos con ansia que se produjera el feliz acontecimiento, pero pasó una semana de la fecha, y tras ésta, otra, y luego, una más, y así, sucesivamente, de tal modo que, en el mes de julio, seguía la reina sin dar a luz. María, intentando excusarse, creyó entonces que había calculado mal la fecha de la concepción, y alimentada por esta esperanza, aseguró a su esposo que, en breve, daría al reino al heredero que tanto ansiaba. Pero llegó, sin novedad alguna, el mes de agosto, y entonces, alarmada por el insólito retraso, decidió la reina llamar a sus médicos.

Pronto se descubrió que, pese a que había estado convencida de lo contrario, nunca jamás había estado María embarazada.

En el transcurso de aquellos meses de falsas esperanzas se había enamorado la reina de su esposo con tal pasión que no hay historiador que no nombre sus sentimientos a la hora de explicar todas las desgracias que en los años siguientes se sucedieron en Inglaterra, cuando su posible esterilidad, y los escasos deseos de su esposo de cumplir con sus obligaciones conyugales —en esto no le sirvieron los voluptuosos cuadros de Tiziano que trajo con él para inspirar sus noches—, echaron por tierra todas sus ilusiones.

Así estaban las cosas cuando, el 29 de julio, partió Felipe hacia España para asistir a la ceremonia de abdicación de su padre. En la despedida, casi definitiva, María sintió que su corazón se vaciaba. Esclava de su soledad, y consciente de cuan quebradiza y artera podía resultar a veces la felicidad, comprendió que, en el mundo, ya sólo le quedaba su fe. A partir de aquella fecha, y creyendo que tenía que demostrar ante Dios, que parecía castigarle sin hijos por algún pecado que ella desconocía haber cometido, sus convicciones religiosas, decidió imponer a fuego y espada sus creencias sobre Inglaterra.

Así, la reina, enamorada de su esposo, abandonada, entristecida e insegura, y sin que las protestas del Embajador de España, del confesor del Rey consorte o del mismísimo legado del Papa, lograran detenerla, comenzó a regar los campos de su reino con la sangre de sus súbditos. Poco antes de la partida de don Felipe ya había ordenado la ejecución de un predicador llamado Rogers. Había sido quemado vivo el 9 de febrero en Smithfield ante una multitud vociferante y excitada por el calor de las llamas y el hedor a carne quemada. Siguieron tan triste estela Hooper, obispo de Gloucester, Saunders, el rector de All-Hallows, y Taylor, el vicario de Hadley.

Era sólo el principio. Al poco, el miedo y el terror invadían el país. El pueblo, que había vitoreado a la reina a su llegada, comenzó a bramar, descontento, en su contra. Y, en consecuencia, pronto empezaron a sucederse diferentes intentonas golpistas contra ella.

De todas las que acaecieron por aquel entonces merece la pena destacar la que perpetró Henry Dudley, primo del duque de Northumberland, junto a sir Anthony Kingston, que ya había participado en la pasada conspiración de Wyatt.

Una vez más, la conjura fracasó; y, una vez más, se descubrieron pruebas, esta vez mucho más evidentes, que demostraban que la princesa Isabel había estado al tanto de la misma.

Sin embargo, María «la sanguinaria», por segunda vez, no castigó a su hermanastra.

Y ello, en cierta forma, permitió que arraigara el protestantismo en la isla, pues, de haberla condenado, la reina habría asegurado el trono para su prima, la católica María Estuardo, casada por aquel entonces con el delfín de Francia.

Sin embargo, la fiel y devota María Tudor tenía en gran consideración el parecer de su esposo, y como Felipe II sentía pavor ante la posibilidad de que la heredera al trono francés se hiciera también con la corona inglesa, pues ello habría aunado bajo una misma cabeza los territorios de Escocia, Inglaterra y Francia, concluyó que, para estar a bien con él, era necesario perdonar a su hermanastra.

No se le escapó este detalle a Cabrera de Córdoba, cronista del rey, que, al mencionar este episodio, y tras dedicar a su soberano algunos reproches, aseguró que Felipe II, al intervenir en este asunto, había salvado la vida de la mujer que más adelante iba a ser una de las más terribles enemigas de la Iglesia Católica. «El Consejo condenó a muerte a Isabel —escribió—, mas el Rey no quiso que se ejecutase, aunque disgustó a la Reina, diciendo que era muchacha y engañada...Y Dios la guardó para que le inquietase, gastase y diese cuidadosa vejez, por haber antepuesto la comodidad del señorío guardando la que fue enemiga de la Iglesia Católica, de cuyo nacimiento, crianza y mala vida había perversos efectos.»

Como se ve, María era incapaz de negarse a los requerimientos de su esposo. Cuando éste le pidió ayuda en su guerra contra Francia, María satisfizo inmediatamente su deseo. Fue, en verdad, una decisión que no hizo bien alguno a Inglaterra, pues, al poco de entrar sus soldados en la contienda, el duque de Guisa reconquistó, para Francia, la ciudad de Calais. Ya nunca más, para gran desgracia de los monarcas que sucedieron a María, recuperarían los ingleses este valioso enclave.

A mediados de 1558 la reina empezó a notar que su cuerpo comenzaba a fallarle. Eran los primeros síntomas de una enfermedad que iba a consumirle rápidamente y que ningún médico iba a conseguir curar. Murió el 17 de noviembre, rogando en su lecho, de creer a algunos cronistas —aunque es posible que éstos recogieran testimonios apócrifos—, a su hermanastra Isabel, entre sus últimos suspiros, que, por caridad, no acabase con la que había sido la gran obsesión de todo su corto reinado; que, por favor, siguiese luchando por difundir el catolicismo en Inglaterra.

Era una petición que la nueva reina no podría, o más bien, no querría, satisfacer.

III.　ISABEL I, REINA DE INGLATERRA

> *¡Sería una locura dejar que una mujer ascendiera al trono! ¿Os imagináis a una dama o doncella mandar los ejércitos? (...) ¿Y cómo hacer frente a los vasallos cuando ellas no son capaces ni siquiera de refrenar los ardores de su naturaleza? No, yo no lo concibo, y si esto llegara, entregaría en seguida mi espada.*
>
> MAURICE DRUON, *La ley de los varones*

Difícil panorama el que observaba Isabel I al subir al trono. Hostilidades con Francia y Escocia, súbditos descontentos, nobles al acecho, terribles carestías económicas y enormes divisiones entre todos. De esta forma lo retrató un secretario que había formado parte del Consejo en tiempos de Eduardo VI:

La reina, pobre; el reino, exhausto; la nobleza, pobre y decaída. Falta de buenos capitanes y soldados. El pueblo, en desorden. La justicia, no cumplida. Todas las cosas, caras. Exceso en comida, bebida y vestidos. Divisiones entre nosotros mismos. Guerras con Francia y Escocia. El rey francés montando a horcajadas sobre el reino, teniendo un pie en Calais y el otro en Escocia. Enemigos resueltos, pero ningún amigo claro en el extranjero.

Hacía referencia esta última frase a la dudosa continuidad de la alianza con España, pues andaba entonces Felipe II inseguro, y con razón, de las intenciones de su cuñada.

Aquella joven de rojizos cabellos pronto demostró que era una hija digna de su padre, pues resultaba tan autoritaria y elocuente como él y se mostraba tan poco dispuesta a que osaran cuestionar su legitimidad como lo habría estado él de haber vivido su misma situación. Andaba igualmente convencida de sus enormes capacidades en el gobierno, y tampoco parecía asustarle el que únicamente tuviera veinticinco inexpertos años o el que nunca hubiera sido educada para desempeñar las funciones de gobierno.

Heredó, pues, Isabel, un país sumido en la bancarrota, y, sin embargo, y pese a los negros designios de quienes consideraban que una mujer jamás podría comandar una nación, consiguió que el reino brillara como nunca antes lo había hecho en toda su historia. Quedó inundada la Corte de lujos y de excesos, de bailes y trajes, de oro, joyas, telas, tapices y tesoros. Se alzaron por doquier fortalezas, castillos, jardines y palacios. E incluso el pueblo pudo gozar, al fin, de esta venturosa bonanza.

Mayor mérito merecen tales bienandanzas si consideramos que éstas se sucedieron en un momento en el que Europa se mostraba desolada por las crisis, las guerras, las divisiones internas y los desequilibrios económicos.

Empero, nada de esto habría conseguido la reina Bess de no haber contado con los consejos de algunos de los hombres más eminentes de toda Inglaterra.

Fue sir William Cecil, el futuro barón de Burghley, el más avispado de todos. Cuando María Tudor murió, la reina Isabel, conocedora de la gran labor que había hecho este personaje durante el gobierno de Somerset y de Northumberland, hizo de él su Secretario de Estado. «Este concepto —le dijo Isabel al poco de que entrara a su servicio— tengo de usted: que no se deja corromper por ningún tipo de dádiva, que será fiel al Estado y que, sin respeto a ninguna voluntad privada, me dará el consejo que piense que es el mejor». Y así fue, siempre, hasta el final de sus días. Se sirvió Isabel de la enorme inteligencia de su Secretario, de sus buenas maneras en los asuntos internacionales, de sus innatas facultades para reconducir los juegos de poder de la Corte, y, a cambio, hizo de él el hombre más poderoso de toda Inglaterra. Sus palabras, sus órdenes, sus disposiciones, tenían tanto valor en el reino como las de la mismísima soberana.

La coronación de Isabel

Debía verificarse en Londres el coronamiento de Isabel, y como subía al trono con la mirada recelosa de tantas gentes, dispuso ésta, para demostrar que era ella, y no otra, la que iba a comandar el reino, que la ceremonia se llevara a cabo con todas las fastuosidades y lujos que fueran posibles.

Se escogió para tan inolvidable acto el día 15 de enero. Acostumbraba a celebrarse en la jornada anterior una festiva procesión por las calles de Londres que principiaba en la histórica Torre de Londres, la inolvidable fortaleza edificada en el siglo XI por Guillermo el Conquistador, y que culminaba en la abadía de Westminster, el lugar en el que debía celebrarse, al día siguiente, la más importante de las ceremonias. Estaban los balcones engalanados y sus hermosas y costosas colgaduras zigzagueaban al son del viento. Las calles, llenas de flores, rebosaban gentes. Los curiosos, en ropas de abrigo, pues nevaba en aquellos momentos, se arremolinaban en las calles principales, a la espera del gran espectáculo que se preveía. Precedían a la reina muchos grandes señores, jinetes con el sello real, sacerdotes, pares, dignatarios, y otros muchos, que mostraban todo el lujo de sus ropas y monturas, joyas, trajes y títulos. Tras el multicolor cortejo que éstos formaban, marchaba, acompañada de sus guardaespaldas y de sus damas, ataviadas con sus más suntuosas vestes, la reina, con una corona de princesa sobre los rojos cabellos, en una litera de tejido de oro y satén blanco, y con un vestido de tela bordada de oro pleno de piedras preciosas.

Isabel, presa de la emoción, observaba cuanto acaecía a su alrededor. Nada era comparable al aspecto que presentaban aquel 14 de enero las calles de Londres. Rebosaba aquella gran ciudad de gentes que se apelotonaban para observarla, que le aclamaban, que le arrojaban flores y que aguardaban su paso con la esperanza de que ésta ordenase detener su carruaje para saludarlos. Varias veces hizo esto, y en una ocasión, un niño se acercó hasta ella y le cantó estos cuatro versos:

¡Oh, soberana sin igual! Mirad lo que vuestra ciudad
Os ofrece, esta primera vez que entráis en el lugar
Voces pronuncian bendiciones y alabanzas en vuestro honor
Pues los fieles corazones de los presentes os aman con vigor

Agradeció al pequeño aquellas líneas, y siguió la reina el desfile. Sonaban por toda la ciudad las notas de las orquestas, e instrumentos de viento y de cuerda interpretaban canciones y danzas que, con sumo agrado, seguían los presentes. Al arribar a Cheapside, su letrado entregó a Isabel una bolsa con mil marcos de oro. Ésta, visiblemente emocionada por el gesto, contestó: «Agradezco al Alcalde, a sus consejeros, y a todos los presentes, buena gente, este presente. Ya que deseáis que yo sea vuestra gobernante, tened por seguro que seré una reina tan bondadosa como ningún pueblo la tuvo jamás, y que, si las circunstancias me obligan, derramaré mi sangre por vuestro bienestar y vuestra paz. ¡Dios os bendiga a todos!». Aún tuvo que pararse la comitiva algunas veces más, pues, para ensalzar las virtudes de la portadora de la corona inglesa y apagar toda posible apetencia católica de la misma, se habían preparado algunas representaciones teatrales de carácter alegórico y simbólico. En una de las más directas podía observarse como la «religión auténtica», es decir, el protestantismo, vencía al catolicismo; en otra, más sutil, se comparaba a Isabel con la bíblica Débora, la juez que de acuerdo a los sagrados textos habría librado a los israelitas de los cananeos.

Duraron aquellos festejos cuatro horas, todas plenas de vítores, cánticos y aplausos, hasta que, finalmente, entre los flamígeros estandartes que portaban el sello real, la princesa Isabel arribó al Palacio de Westminster. Allí pasó la noche, a la espera del momento en el que ceñiría, al fin, la corona de Inglaterra.

A la mañana siguiente se dirigió Isabel hasta la abadía de Westminster, nerviosa, trenzando sus pasos sobre una alfombra de terciopelo azul cuyos jirones, como señala el cronista, habrían de disputarse los presentes cuando el día alcanzase el fin. Desde el año 1066, momento en el que en la antigua basílica (sobre la que dos siglos más tarde se construiría el templo que hoy día se conserva) fuera proclamado rey Guillermo el Conquistador, esta magistral obra arquitectónica había sido el lugar en el que siempre, con la única excepción de Eduardo V (y de, siglos más tarde, Eduardo VIII), se había coronado a los monarcas ingleses. Se hallaba en aquellos momentos huérfana esta abadía, pues el cardenal Pole, que había estado al frente en los últimos años, había fallecido recientemente. En su lugar hubo de oficiar la ceremonia el protestante Owen Oglethorpe, obispo de Carlisle.

La reina se sentó frente al altar, en la silla de coronación que sostenía la piedra escocesa de Scone, sobre la que se habían coronado los ingleses desde que el rey Eduardo I venciera a finales del siglo XIII a los ejércitos del célebre Sir William Wallace y la tomara como botín de guerra; y allí, sobre aquel vestigio del pasado, fue proclamada cuatro veces reina, recibiendo, en otras tantas ocasiones, entre el sonido triunfal de las trompetas, la aprobación de los reunidos. Juró entonces Isabel respetar las leyes, defender a la Iglesia y ser justa y piadosa durante su mandato y, acabado esto, dejó que le invistieran con los distintivos reales. Recibió la túnica, la espada, el cetro, el globo, los guantes, el manto, los borceguíes, el cinturón, las sandalias, las espuelas y todo aquello que se había concedido tantas veces a los reyes de Inglaterra. Fue entonces cuando el obispo deslizó en el dedo de la reina el anillo que simbolizaba su unión con el pueblo inglés.

Tras ello se sucedió la acción que daba el nombre a la ceremonia; primero, Isabel portó la corona de San Eduardo, y, después, la pesada y reluciente corona Imperial.

Al término de aquel día, y pese a todas las trabas que se le habían presentado en su tormentoso pasado, abrazaba Isabel, al fin, aquello que durante tanto tiempo había anhelado y que en tantas ocasiones se le había negado. Vivía uno de los momentos más dulces, sino el que más, de toda su vida.

Pero aunque la estrella de Isabel había llegado al punto más alto de su trayecto, pronto, muy pronto, las nubes que súbitamente aparecerían, tratarían de disminuir la intensidad de su fuego.

María Estuardo, reina de los escoceses y delfina de Francia

Transcurrió el reinado de Isabel I de Inglaterra en torno a dos personajes, uno, el rey Felipe II de España, de quien ya hemos dibujado algunos retazos, y otro, la reina María Estuardo de Escocia, a la que a continuación dedicaremos algunas líneas, pues, si no tratásemos con cierta profundidad a este personaje que tanta importancia habría de tener en la vida de la reina, desubicaríamos a Isabel de su mundo y daríamos una visión sesgada del mismo, haciendo imposible, en consecuencia, la comprensión de algunos de los sucesos que le acaecieron.

Nació María, pues, en el palacio de Linlithgow, en Escocia, el 8 de diciembre de 1542. Era hija del rey Jacobo V, que falleció al poco de que ésta naciera, y de la reina María de Guisa, hábil mujer que se ocupó tras la muerte de su esposo de las labores de Estado. Como vivía en aquel momento el país una de sus mayores crisis, los nobles decidieron casarla, siendo niña, con el delfín Francisco, pues ello, pensaban, impediría que los reyes ingleses los atenazasen con su férreo y peligroso abrazo. Siendo, por tanto, niña, arribó María a la Corte de Enrique II, y allí se educó, como si realmente hubiera nacido en Francia, indiferente a los sucesos y a las costumbres de Escocia, entre las delicadezas de una corte famosa en toda Europa por la suntuosidad de sus fiestas y de sus trajes.

Si bien bajo nuestros cánones no resulta su belleza especialmente llamativa, parece que María, con sus inquietantes ojos oscuros, su tez clara, sus labios finos y sus cabellos azabaches, desató entre sus contemporáneos un sinfín de alabanzas. Guardamos incluso los testimonios de diferentes poetas, entre ellos Saint-Gelais y Du Bellay, que se refirieron en sus obras a la feliz sensación que les procuró el ver por primera vez a su joven reina. La misma Isabel I se interesó en varias ocasiones por el físico de su prima lejana, y, de hecho, sabemos que, muchas veces, cuando se encontraba con alguien que había tenido la oportunidad de verla, le preguntaba, tras una breve conversación, si las historias que circulaban sobre la belleza de aquella reina eran exageradas o no. «¿Es más bella que yo? —preguntaría a Jacques Melville, el embajador de María, en 1564— ¿Más alta? ¿Tiene la tez más clara? ¿Baila mejor que yo? ¿Es más hábil con el virginal?».

Mas no sólo tenía belleza esta joven mujer, pues, bajo su regia cabeza, guardaba una de las más prometedoras herencias que podría haber hallado en aquel tiempo monarca alguno. A mediados de 1558 no sólo era la reina de Escocia y la delfina de Francia, también, según las disposiciones del Papado, era la única heredera legítima que podía suceder en el trono de Inglaterra a María Tudor; pues, como el único matrimonio válido de Enrique VIII había sido para los católicos el que le había unido a la reina Catalina de Aragón, todo hijo que no guardara lazos directos de sangre con los herederos legítimos de la casa Tudor carecía de derechos sucesorios en Inglaterra. Esto convertía a María Estuardo, que tenía entre sus antecesores a Enrique VII, en la única persona que tenía el árbol genealógico a gusto de la Iglesia romana.

Cabría esperar, por tanto, que Felipe II, brazo armado de la Iglesia, Rey Católico por derecho y por devoción personal, apoyara la candidatura de esta heredera al trono inglés; sin embargo, el «Rey Prudente», que no estaba dispuesto a permitir que tras el casamiento de María sus más persistentes y poderosos enemigos, los franceses, se hicieran con el reino de Inglaterra, hizo cuanto pudo por entorpecer el enlace y mantener, una vez más, bajo la testa de Isabel los territorios de su esposa.

Y así, en una muestra del loco teatro del mundo moderno, dos estados que parecían destinados a la confrontación acabaron uniéndose frente a otros que deberían haber sido sus aliados naturales.

Fue entonces cuando, ante la sorpresa de muchos, Felipe II propuso matrimonio a la reina Isabel, pues aunque, tal y como había asegurado al Conde de Feria, no sentía éste deseo alguno de desposarse, de nuevo, con una reina inglesa, estaba dispuesto a hacer los sacrificios que fueran necesarios para evitar que manos francesas gozasen del trono de su fallecida esposa. De la aludida carta al de Feria transcribimos estas líneas:

Viendo, en fin, la importancia de que el país no vuelva a caer en los primeros errores, lo que causaría a nuestros territorios vecinos grandes peligros y dificultades, he decidido dejar de lado todas las demás consideraciones que pudieran pesar en contra y estoy resuelto a hacer este servicio a Dios y ofrecer casarme con la Reina de

Inglaterra; y haré cuanto pueda por llevar esto a efecto, si se puede hacer con las condiciones que os explicaré. Lo primero y más importante es que os aseguréis de que la Reina profesará la misma religión que yo tengo y tendré siempre, y en que ella perseverará y que la mantendrá en su reino; y con este fin hará cuánto sea necesario. Tendrá que obtener absolución secreta del Papa y la dispensa necesaria para que sea católica cuando me case con ella, pues hasta ahora no lo ha sido. De este modo será evidente y manifiesto que sirvo al Señor casándome con ella y que se ha convertido por mí.

Dicho esto, el rey Felipe confesó ante el embajador que sentía cierta desconfianza hacia Isabel: «No propondréis ninguna condición hasta que veáis en qué disposiciones está la Reina en este asunto; no comenzaréis, pues, las gestiones con la Reina hasta que ella haya abierto una puerta para hacerlo (...) Nada se ha dicho al Papa todavía ni nada deberá hacerse hasta obtener el consentimiento de la Reina»

Mas Isabel, que según algunos historiadores, que tal vez se dejan llevar demasiado por los vuelos de la imaginación, había sido el objeto de los indecentes ardores de Felipe cuando este había estado casado con María, jamás tomó en serio tal proposición. Así, cuando manifestaba al embajador español su interés por el posible enlace, únicamente lo hacía porque deseaba fijar la corona de Inglaterra, aún tambaleante, sobre sus rojos cabellos. Sólo cuando vio segura su permanencia en el trono, informó al rey Felipe de lo imposible de su proposición.

En abril de 1559 finalizó el dilatado conflicto que había enfrentado durante décadas a españoles y franceses. Quedó la paz rubricada en el Tratado de Cateau-Cambrésis, el cual, como señala uno de los negociadores, fue tan ventajoso para España como para Francia: «pese a haberse hecho tan a ventage *[sic]* nuestra, los franceses quedan contentísimos». Como no querían los firmantes que éste fuera, simplemente, un tratado momentáneo que preludiara una nueva guerra, decidieron consignarlo con dos bodas dinásticas, una, la de Felipe II con Isabel de Valois, la hija de Enrique II, y otra, la de Emmanuel Filiberto con Margarita, la hermana del rey francés.

La reina inglesa reaccionó con enorme disgusto al ser informada de que los dos estados volvían a estar en paz. No sólo perdía definitivamente Calais tras la firma, también, mucho más grave, este tratado podría sentar los cimientos de una posible alianza entre las dos casas católicas más poderosas de Europa.

Apenas hubieron empezado los festejos, volvió a cubrirse Francia del más negro luto, pues el 1 de julio, entre las calles engalanadas de París, entre las multitudes emocionadas por la paz, y el bullicio de las celebraciones organizadas para festejar la boda de Isabel de Valois, un caballero llamado Gabriel de Montgomery atravesó con su lanza, ante la mirada horrorizada de todos los presentes, la visera del yelmo del rey Enrique. Sucedió esto durante una justa que se celebraba en la calle de San Antonio, entre los trajes multicolores, los amplios vestidos, las armas, los estandartes y la excitación de la fiesta. Diez días después, y sin que los numerosos médicos que habían acudido hasta allí pudieran hacer nada por evitarlo, el soberano falleció. Heredaba así el reino su hijo primogénito, el delfín Francisco.

No fue éste un digno sucesor de su padre, pues era enfermizo, débil de carácter, y fácilmente influenciable, rasgos que permitieron que los Guisa, familiares de la reina, cuyo ferviente catolicismo no parecía andar en contradicción con sus ambiciones y sus deseos de poder, se hicieran con las riendas del gobierno de Francia.

Sufría Escocia por aquel entonces las primeras algaradas de los insurgentes luteranos, y como era Francisco rey consorte de aquel lugar por su casamiento con María, tuvo que enviar a los suyos hasta allí para que combatieran contra los alzados.

A mediados de junio de 1559 un mensajero llegó a Londres con una carta dirigida a William Cecil. La enviaba William Kirkcaldy, de Escocia, y en ella los protestantes del país, en pugna con los franceses, solicitaban a la reina los apoyos y recursos de Inglaterra. Tras el Parlamento de 1559, celebrado el pasado mes, en el que se había adoptado oficialmente la Reforma, la soberana inglesa se había convertido en una monarca modélica para los seguidores de Lutero. Empero, ni Isabel, que nunca se caracterizó por su hervor religioso, ni William Cecil, escucharon, en principio, estas desesperadas peticiones de ayuda. Los ingleses hubieron de decirles que, por el momento, no podían ofrecerles sus recursos, pues el emprender acciones armadas contra Francia habría contravenido las cláusulas que se habían firmado en el Tratado de Cateau-Cambrésis.

Alertó a María de Guisa, la regente escocesa, la posibilidad de que Inglaterra apoyara a los rebeldes, y, procurando evitarlo, se puso en contacto con la reina Isabel. «Estimada hermana y aliada —le contestó el 7 de agosto Isabel en un tono extremadamente cortés y amigable—; sabemos, gracias al embajador de nuestro hermano, el buen rey de Francia, que algunos de nuestros ministros han entrado en contacto con los rebeldes que os desobedecen; mas encontramos muy extraños que los nuestros se hayan mezclado, por iniciativa personal, sabiendo cuanto disgusto nos causa, con ese tipo de pueblo». Y, para realzar más la idea de que Inglaterra nunca entraría en guerra con Escocia, apostillaba la reina: «Os aseguro que no dejaremos de ordenar el castigo de aquellos que sean encontrados culpables.»

Esta carta muestra, de manera bien clara, los modos de actuar de la reina Isabel, pues, al día siguiente, escribía a Ralph Sadler una carta en la que le decía que había que conseguir «por todos los medios» que los franceses salieran de Escocia. El 24 de agosto, secretamente, enviaba a los rebeldes tres mil libras esterlinas.

Meses después, en enero de 1560, la reina Isabel, consciente del peligro que podría suponer para Inglaterra que los franceses dominaran totalmente Escocia, envió a algunos de sus soldados hasta Edimburgo. Para que no se le acusase de colaborar con los rebeldes escoceses dijo la reina a María de Guisa, una vez recibidas las pertinentes protestas desde Escocia, que ella no tenía nada que ver con aquella acción, y que, en realidad, habían marchado esas tropas por la iniciativa personal de uno de sus súbditos, el almirante William Winter. María de Guisa vio el ardid y contestó: «No es difícil darse cuenta de que es sólo una mascarada el que un súbdito y oficial tenga el deseo, y, además, el poder, de hacer la guerra sin la voluntad y la orden de su reina, a sus expensas, ¡y desconociendo ella todo esto!».

Al poco, consideró Isabel que no lograría con estas tímidas acciones que los escoceses ganaran la guerra, y así, y demostrando que había heredado algo de la inconstancia de su padre, decidió firmar, un mes después de la llegada de Winter a Escocia, una alianza formal con los protestantes del país vecino. Y, como no quería contravenir tratado alguno, decidió justificar sus actos diciendo que habían sido los sanguinarios Guisa los que habían abierto las hostilidades, y que ella, temerosa de una conspiración que se urdía contra su Corona, se había visto obligada a levantar las armas.

Y así, gracias a esta excusa, en la que Isabel acusaba a sus enemigos de pretender emprender aquello que ella ya estaba llevando a cabo, se consignó el 27 de febrero de 1560 el tratado de Berwick, por el que la soberana inglesa se comprometía a ayudar militarmente a los protestantes por el mantenimiento de «las viejas libertades» del reino y por el sostenimiento de su legítimo trono.

Salieron así de Inglaterra los hombres de Isabel y, enlazados en armas con los protestantes rebeldes, se enfrentaron a sus enemigos franceses. Al final, tuvieron los insurgentes suerte, pues, cuando parecía que iban a ser derrotados, estallaron en Francia, repentinamente, las guerras de religión. Esto, que obligó al rey Francisco a ordenar el regreso de sus soldados, unido al delicado estado de salud de María Guisa, permitiría que, poco después, los rebeldes domeñaran, definitivamente, al gobierno francés.

Las pláticas de la paz, que cristalizaron en el Tratado de Edimburgo, se vieron, sin embargo, constantemente entorpecidas por las caprichosas exigencias de la reina Isabel. Pedía la inglesa, pues ello habría supuesto un reconocimiento oficial, por parte de María Estuardo, de los derechos legítimos que tenía de ocupar el trono, que la soberana escocesa y su esposo Francisco eliminasen las armas inglesas de su escudo.

Esta controversia se había originado algunos meses atrás, cuando la reina de los escoceses, al coronarse también reina de Francia, había decidido portar un emblema en el que figuraban las armas de estos dos reinos junto a las de Inglaterra. Así, en todas partes, por todos los rincones de París, podía verse el símbolo de la corona francesa, la flor de lis, junto al león escocés y los leopardos ingleses. Cuando Isabel fue informada de esto, gracias a su embajador en París, Nicholas Throckmorton, despachó inmediatamente, nerviosa, un correo en el que pedía a la soberana del reino vecino que suprimiese de inmediato las armas inglesas de su escudo. María, sin embargo, no aceptó la petición de su prima, ya fuera porque, en el fondo, tal y como aseguraba Throckmorton, tenía la pretensión de conseguir algún día el trono de Inglaterra, ya fuera porque, por costumbre, tenían los reyes de Francia el derecho de enarbolar los leopardos ingleses. No debe olvidarse que, al igual que a los monarcas franceses se les designaba, en virtud a estas cuestiones, reyes de Inglaterra, también los ingleses eran coronados, desde el siglo XIV, reyes de Francia.

Si hubiera rubricado María el Tratado de Edimburgo, renunciando así, tal y como éste establecía, a su derecho de heredar algún día el trono de Inglaterra, la soberana inglesa hubiera tenido una excusa que le habría permitido acallar las exigencias y pretensiones de sus enemigos católicos, pero al ser los rebeldes escoceses quienes realmente negociaron y estipularon las condiciones del mismo, y no su soberana, que desde Francia se negaba a ratificar las imposiciones de los alzados, nunca llegó a ver cumplido Isabel su sueño de tener un documento consignado por María Estuardo en el que ésta le aceptara como reina de Inglaterra. La soberana escocesa dejó bien claro que para que esto sucediera debía ofrecerle su prima ciertas garantías:

Es mi deseo que una comisión en la que estén los dos reinos estudie los artículos del tratado antes de que estos se validen y den los cambios y supresiones que estimen necesarios. Por mi parte, he de reconocer que creo que es negativo para los títulos y derechos que tengo a vuestra sucesión en virtud a mi nacimiento, a causa de la oscuridad en que está redactado. Veis que me expreso sinceramente con vos, y es mi deseo que vos hagáis lo mismo conmigo.

Es decir, María aceptaría plasmar su rúbrica en el Tratado de Edimburgo si, a cambio, Isabel ratificaba su derecho a sucederle en el trono. La soberana inglesa, tan susceptible como siempre, pronto le demostraría que no estaba dispuesta a aceptar esa oferta. El 1 de junio escribió una nueva carta, dirigida esta vez a los gobernantes escoceses:

Vuestra soberana (...) da respuestas retardadas cuando se le pide validar el tratado que vosotros [los Estados escoceses] habéis aprobado (...) No me satisface esa respuesta (...) He mostrado muy buena voluntad a vuestra reina (...) Si pensáis que el tratado debe ser ratificado, es vuestro deber aconsejar a vuestra reina, y entonces podéis estar seguros de que conservaré mi buena voluntad y mi amistad hacia vosotros.

Efectivamente, la reina inglesa amenazaba a los protestantes escoceses, a los que había ayudado a conseguir el poder, con retirarles su apoyo si su soberana no renunciaba definitivamente a la Corona de Inglaterra. Sirva esta carta como ejemplo de la obstinación de la que hacía gala la reina en cuanto se le mentaba el tema sucesorio. Más adelante encontraremos nuevos ejemplos.

Aunque no viera satisfechos todos sus deseos, la reina Isabel podía sentirse orgullosa de todo lo que se había conseguido con su incursión en el territorio escocés, pues, pese a su juventud, había logrado derrotar, si bien en ello había tenido mucho que ver la mala fortuna francesa, a uno de los dos estados más poderosos del continente.

Apenas terminó la guerra entre Francia e Inglaterra un nuevo suceso cambió de inmediato la suerte de María Estuardo. Un día, a finales de 1560, arribó su esposo muy enfermo a la corte de Orleáns, desatando la alarma entre todos los cortesanos, que ya sabían que, visto el delicado estado de salud que manifestaba siempre el rey, cualquier dolencia podía resultarle fatal. No se equivocaron quienes pronosticaron los más negros augurios, pues, pocos días después, el monarca falleció. María Estuardo, con tan sólo dieciocho años, se convertía así en la reina viuda de Francia, perdiendo con ello, al igual que aquellos que hasta la fecha habían sido sus principales protectores —es decir, los integrantes de la familia Guisa—, todo el poder que había tenido sobre el reino.

Sintiendo que ya nada le unía a aquel lugar que le había visto crecer, decidió la joven viuda regresar a su tierra natal. Convencida de que los únicos súbditos que le restaban le guardarían leal obediencia, partió el 14 de agosto de 1561, a bordo de una galera, rumbo a Escocia. Le había negado Isabel el salvoconducto que precisaba para cruzar aquellos mares, así que temió durante todo el viaje la respuesta de su prima: «Si no estuviese tan preparada, señor Embajador —diría María al embajador Throckmorton— es posible que la mala voluntad de vuestra soberana me hiciera abandonar mi proyecto; pero estoy decidida a intentar la aventura, y que pase lo que deba pasar. Si el viento, por desgracia, me lleva las costas inglesas, la reina de vuestro país podrá hacer lo que le venga en gana, y hasta condenarme a muerte si tiene un corazón tan duro como para eso». No sucedió, empero, nada, pues la reina de Inglaterra, pasada la rabia inicial, comprendió el error que cometería si impedía que su prima llegara hasta su reino, y así, el día 19, tras un viaje tranquilo, pudo avistar María las costas de Escocia. Desembarcó así la reina en el puerto de Leith, entre la espesa niebla, donde una pequeña comitiva de serios y grises caballeros esperaba su llegada.

María pronto comprobaría que no era aquel el mejor lugar para que una soberana católica gobernara. Y más para una reina que no había terminado de aceptar las acciones que sus súbditos habían emprendido en pro del protestantismo. Fue uno de sus mayores enemigos el sacerdote John Knox, cuya obstinación, apasionamiento en la defensa de sus convicciones y enfebrecido celo —a él se debió, principalmente, la aprobación en el Parlamento escocés de la *Confessio Scotica* del 11 de agosto de 1560—, le harían ocupar un lugar predominante en la Historia de la Reforma inglesa.

María había emprendido, al poco de morir Francisco, negociaciones con los nobles europeos para consignar un pronto casamiento que le permitiese mantener su posición en el trono escocés, y, tras estudiar los posibles candidatos, había llegado a la conclusión de que era don Carlos, el primer hijo de Felipe II de España, el hombre que mejor satisfacía estos intereses.

Tenía por aquel entonces el infante dieciocho años, tres menos que María, y era hijo de Felipe de España y de María de Portugal, su primera esposa.

Vio entonces Isabel al enemigo en el quicio de su propia casa, y, consciente de que no podía cruzarse de brazos ante tan inminente amenaza, empezó a contactar con todos aquellos que estaban en contra de aquella boda. Contó en esta ocasión con los apoyos de Catalina de Médicis, la regente de Carlos IX, el nuevo rey de Francia, pues si la primera temía que se le arrebatara el trono, la segunda tenía en cuenta lo inconveniente que era aquel enlace para las pretensiones que tenía en España su hija Isabel de Valois, casada con Felipe II desde 1559.

Sin embargo, los mecanismos diplomáticos y disuasorios que las dos cortes pusieron en marcha para evitar aquella boda nada podrían haber hecho si el monarca español no hubiera albergado desde el principio serias dudas en cuanto a la conveniencia de aceptar o no aquella oferta que le ofrecía la reina de Escocia, pues sabía que en el intrincado juego de alianzas europeo aquel enlace podía llevar a que Francia e Inglaterra se unieran militarmente contra él, y, además, tampoco andaba muy convencido de que su hijo pudiera encarar un matrimonio de tantas responsabilidades, pues era el infante un joven enfermizo de carácter meditabundo y cambiante, que a un momento se mostraba terriblemente agresivo y al siguiente sumiso y cariñoso, que un día se dejaba llevar por la alegría y la exaltación y que al siguiente caía en brazos de la más terrible melancolía. Un día, armado con un cuchillo, atacó a uno de los hombres de su padre, otro, lanzó a un paje desde una ventana porque este le había contrariado, e incluso una vez hizo comer a un zapatero las botas que había confeccionado para él porque había comprobado tras probárselas, con enorme disgusto, que le venían demasiado estrechas.

Este carácter, que ya por naturaleza era difícil, se haría aún más extravagante cuando le sucediera en Alcalá un terrible accidente —para salvarlo, uno de sus súbditos hubo de trepanarle el cráneo—, que le causaría irreversibles secuelas físicas y psicológicas.

Era, pues, ciertamente peligroso que un personaje como aquél se hiciese con tanto poder, y Felipe, que no era ausente de la inquina que le profesaba su hijo, decidió que sería mejor para el futuro de su reino que aquel infante no se casara nunca con la reina de Escocia.

La enigmática «Reina Virgen»

No se hablaba en 1559 en Inglaterra, al poco de que Isabel ciñera la corona, de otra cosa que de la futura boda de la reina. En su juventud la habían pretendido personajes como Manuel Filiberto, Eduardo Courtney o el príncipe Eric de Suecia, y, ahora, se hablaba de Felipe II, del conde de Arundel, de Carlos IX de Francia, y de, nuevamente, Eric de Suecia, ya rey por aquel entonces. Andaban, pues, sus súbditos convencidos de que Isabel, que, según aseguraban todos, ardía en deseos de dar al reino un heredero que perpetuara el linaje de la familia Tudor y que asegurara la continuidad dinástica en el trono inglés, contactaría pronto con sus embajadores para emprender así las conversaciones que convertirían a uno de estos candidatos en el rey consorte de Inglaterra.

Considerando esto, no resulta difícil imaginar la sorpresa que causó Isabel en su primer Parlamento cuando, después de que sus diputados le preguntaran cómo iban las negociaciones de su boda, respondió ésta:

Escogí el estado en que me encuentro cuando tuve uso de razón, el cual me satisface enormemente y que creo que es agradable a Dios (...) Comprendo vuestra actitud y la tomo bien, pues es simple y respetuosa; de otra forma, sería un acto de presunción por vuestra parte y como una ofensa a vuestro deber de obediencia (...) Si Dios lo desea, y algún día debo vivir en otro estado, jamás rechazaré aquello que sea bueno para el reino y para el bien de todos. Mas si Él no desea verme casada, no debéis temer que Él abandone este reino sin un heredero mejor que el que pudiera dar mi matrimonio (...) Al final, bastará con que mi losa sepulcral diga que una reina, después de haber gobernado tanto tiempo, vivió y murió virgen.

Recibieron los diputados con estupefacción este discurso, pero como había asuntos más importantes que tratar, decidieron, por el momento, dejar que la reina hiciera lo que estimara conveniente.

Sin embargo, cuando en el siguiente Parlamento surgió, de nuevo, el tema, y la reina volvió a rechazar la posibilidad de un pronto matrimonio, todos los presentes comenzaron a sentirse nerviosos, pues sabían cuántas cosas importantes, entre ellas, su propia posición, dependían de aquel enlace. Desde entonces, el tema de la boda, para gran consternación de Isabel, cada vez más reacia a tratar públicamente este asunto, se planteó recurrentemente, sin que se llegara nunca a una solución, en cada convocatoria del Parlamento. En el de 1566, diría ésta:

Os aseguro que todo se hará por vuestra seguridad, mas os aviso de que no quiero ser presionada. No hay ejemplos de que los pies se atrevan a dirigir a la cabeza Os recuerdo, soy vuestra reina, y he sido consagrada y coronada, y no voy a dejarme intimidar, como no lo habría hecho mi padre, aunque yo no sea más que una mujer. Doy gracias a Dios por tener suficientes cualidades para ganarme la vida en cualquier país cristiano si alguna vez me echaran del reino en enaguas.

La reina ratificaría en varias ocasiones estas palabras, tanto ante sus diputados y cortesanos como ante los plenipotenciarios extranjeros. De todos los textos que conservamos referidos al tema, uno de los más significativos, pues resume concisamente la posición de la reina, es este que profirió Isabel ante el escocés Maitland:

Siempre tienen los ojos pendientes del sucesor. Las personas observan al sol naciente antes que al sol poniente. Aún recuerdo cómo la gente deseaba, cuando mi hermana estaba en el poder, verme ocupar su lugar (...) Es increíble que se pretenda así obligarme a tener constantemente mi sudario ante mis ojos, siendo que ni aún a los padres les gusta ver a los hijos que deben sucederles. Sirvan como testigos de esto el rey de Francia, Carlos VII, con su hijo Luis, o el rey francisco, con el delfín Enrique. (...) En lo que concierne a mi sucesión, es una cuestión que no quiero decidir (...) Sólo Dios sabe la verdad.

Era este un mundo en el que una princesa apenas era poco más que el instrumento del que se servían sus familiares para perpetuar su dinastía o enriquecer sus posesiones. Como ya vimos, Enrique VIII tuvo seis esposas, pero tampoco fue una excepción, pues Felipe II, a quien se le presume una actitud mucho más condescendiente con ellas, tuvo cuatro. Resume bien Antonia Fraser el papel de la mujer de la época cuando en *Las seis mujeres de Enrique VIII* dice: «El matrimonio era el arco triunfal por el que debían pasar las mujeres, casi sin excepción, para llegar a la atención pública. Y tras el matrimonio seguía, en teoría, la abnegación total de la mujer». De este mismo libro tomamos una cita de Juan Luis Vives, quien, respecto a este tema, dejó escrito: «El amor de una mujer por el esposo incluye respeto, obediencia y sumisión. No sólo las tradiciones de nuestros antepasados sino también todas las leyes humanas y divinas concuerdan con la poderosa voz de la naturaleza que exige a las mujeres observancia y sumisión».

Era habitual, pues, que los reyes casaran varias veces y que repudiaran a sus esposas cuando estas no podían darles hijos o cuando, simplemente, dejaban de atraerles. Y era este un papel, tan sumiso, tan dependiente, tan subordinado, y, sobre todo, tan contrario al carácter soberbio y ambicioso de los Tudor, que no extraña que la reina Isabel, conocedora de todo cuanto había acaecido a sus madrastras —pues todas, de una u otra forma, habían sido víctimas de la función que se habían visto obligadas a representar— se negara a interpretarlo.

Ello no significa que tan indómita actitud no viniese acompañada de verdades más complejas y recónditas, de secretos que la reina jamás se atrevió a revelar y que diferentes historiadores han tratado de desentrañar para escapar así de la imagen hagiográfica que divulgaron sus más favorables exegetas, aquella que afirmaba que Isabel, la «Reina Virgen», había renunciado a los cariños de los amantes para poder dedicar todo su tiempo y su amor a la tierra de la que era reina y a los súbditos que habitaban en ella.

¿Qué nos han dicho quienes han investigado los secretos de Isabel I de Inglaterra? Pues bien, como se dice en estos casos, sería más fácil preguntarnos por lo que no han dicho. Algunos biógrafos, que confiaron en el psicoanálisis, cuando éste estuvo de moda y pareció ser fiel compañero de las ciencias sociales, que, inseguras por su incapacidad para formular verdades indiscutibles, adaptaron las teorías freudianas al comportamiento de los seres más excelsos de la historia, consideraron que el rechazo de Isabel provenía del miedo que había producido en ella el nefasto ejemplo matrimonial de su padre, añadiendo a esta fobia la que le habría sobrevenido tras la ejecución de su supuesto enamorado Thomas Seymour. Sin embargo, esta tesis, aunque no sea desestimable, resulta, sin duda, endeble en todos sus argumentos.

Entre los entornos médicos, en cambio, se cree que el rechazo de la reina al matrimonio derivó de una malformación sexual, una atresia vaginal, que incapacitaba a Isabel para tener descendencia, y que, en palabras de uno de los supuestos amantes, le permitía «jugar al amor sin quemarse». A la hora de valorar tal cuestión hemos de tener en cuenta ciertas palabras que la reina exclamó —supuestamente—, después de que Jacques Melville arribase a la Corte inglesa con la noticia de que María Estuardo había dado a luz a su primer y único hijo: «La reina se abalanzó sobre un sillón, con la cabeza reclinada, mientras decía a las damas que la rodeaban: "¡Ay, la reina de Escocia ha tenido un hermoso hijo, y yo no soy más que un tronco estéril!"». Empero, todo investigador debe preguntarse si quienes aseguraron esto en verdad estaban en disposición de conocer tales intimidades. De hecho, bien podría ser esta historia una más de las muchas falacias que se inventaron en aquella época para vilipendiar a los reyes europeos.

Otros investigadores relacionan la intención de mantener la soltería de Isabel con su deseo de no depender de nadie a la hora de dictar sus decisiones. De hecho, ya un contemporáneo de la soberana, el embajador de Escocia, Sir James Melville, dirigió a la reina, después de que ésta le comentara que no deseaba casarse, las siguientes palabras: «Conozco la verdad de todo esto, Señora, no tenéis que decirla. Su Majestad piensa que si se casa sólo será la Reina de Inglaterra; y ahora vos sois Rey y Reina».

Estas tesis explicarían, con mayor o menor acierto, la aversión al matrimonio de la reina o su incapacidad para tener hijos, mas no dicen nada de la supuesta virginidad de Isabel. Sobre ésta se han dado las más variopintas versiones, desde aquéllas en las que se asegura que, efectivamente, fue virgen y murió virgen, hasta las que consideran que toda esta leyenda no fue más que una de las muchas mentiras de las que Isabel se sirvió para construir la deshumanizada y apática máscara que siempre portó sobre sus hombros. Por supuesto, tampoco faltan quienes, puestos a dar versiones estrambóticas, aseguran que en la vida de Isabel hubo un continuo devenir de amantes que jamás consiguieron saciar por completo su interminable promiscuidad. Olvidan quienes sostienen esta tesis que la reina vivía en un mundo donde era muy difícil mantener discretamente relaciones de este tipo. Pasaba el día rodeada de damas, bajo la atenta mirada de sus cortesanos y de los hombres de su gobierno, amén de la de muchos embajadores dispuestos a contar a sus soberanos cualquier rumor que se sucediera en la Corte, por lo que es difícil que tanta lascivia no fuera advertida por ninguno de ellos. Por otra parte, esto no podía ser posible de no ser la reina muy consciente de que no podía engendrar hijos, pues por aquel entonces la precariedad y la inseguridad de los métodos anticonceptivos hacían demasiado arriesgadas tales aventuras.

Un hombre llamado Robert Dudley

Que no quisiera contraer matrimonio, que no pudiese concebir hijos, o que no deseara tener a un hombre a su lado que le restara poder, no implica que la reina fuera inmune a los vuelos de su corazón. Antes hemos hablado de Thomas Seymour, el hombre que tal vez despertó sus primeros anhelos, mas esta aventura, como vimos, parece más un desvarío adolescente que un amor inmarcesible truncado por la fatalidad.

Más interesante resulta la relación que vivió la reina Isabel con un hombre de su misma edad, galante y apuesto, que luchó toda su vida por hacerse un hueco en la Corte, llamado Robert Dudley. Era éste uno de los hijos del conde de Northumberland, aquel noble que se encargó de la regencia de Eduardo y que pretendió arrebatar el trono a las hijas del rey a la muerte de su protegido. Sin embargo, pese a este pasado, que tan pocas cosas buenas parecía preludiar, Dudley acabaría siendo uno de los hombres más importantes y destacados de toda Inglaterra. Por un momento, incluso pareció que iba a desposarse con la soberana.

Por aquel entonces, ¿qué podía hacer Isabel, sino disfrutar de la vida que por fin llevaba? Era, al fin, tras tantas calamidades, la reina de Inglaterra, la soberana de un estado floreciente y poderoso, y, además, tenía a su lado a un hombre que conseguía inflamar su corazón. Resultábale el joven Dudley el varón más encantador y adorable de cuantos había en Inglaterra, y, tanta era su necesidad de él, que mientras despachaba los asuntos del día, contaba el tiempo que le restaba para poder estar en su compañía.

La Corte hervía de interés, y todo el mundo se preguntaba si aquella relación era un simple pasatiempo de la soberana o si, por el contrario, y era esta una cuestión mucho más preocupante, tenía Isabel la intención de convertir a aquel joven en su esposo. ¿Sería Robert Dudley, un hombre de tan oscuros orígenes, el siguiente rey de Inglaterra? ¿O la reina, se limitaría, simplemente, a tenerlo como amante? Se hacían apuestas sobre tal asunto. Pero aunque se conjeturaba mucho, nadie sabía qué contestar.

De hecho, ni siquiera el propio Dudley podía responder a aquella pregunta.

Lo único cierto es que con el paso del tiempo el amor de Isabel pareció hacerse más intenso. Aparecía exultante ante todos después de haber estado con Dudley, y los cortesanos, tras verla, se miraban inquietos, pues a ninguno de ellos escapaban las consecuencias que aquella relación podría tener para el reino. Al poco se extendieron tales temores por todo Londres, y los amoríos de la reina pasaron a ser el tema favorito de las reuniones de todos. Ya el 18 de abril 1559 el conde de Feria se hacía eco de todo esto en una carta dirigida al rey: «Lord Robert goza de tanto favor que hace lo que quiere en la Corte. Se dice que la reina lo visita en su habitación día y noche».

Había en esta historia una subtrama mucho más intrincada, pues Robert Dudley estaba casado con la hija de un hacendado de Norfolk llamaba Amy Robsart. Y no había nada que pudiera atentar más la moral de los ingleses que una cuestión de tal índole, y más, siendo Isabel hija de una mujer que había sido ejecutada por sus correrías amorosas.

Y entonces, en septiembre de 1560, cuando en labios de todos se hablaba de adulterio, llegó a la Corte la noticia de que se había hallado en su casa de Cumnor Place el cuerpo sin vida de Amy Robsart.

Durante mucho tiempo los historiadores se preguntaron qué pudo suceder en aquella solitaria casa el día en el que murió la esposa de Robert Dudley. Unos afirmaron que Amy Robsart había sido víctima de una conspiración que había urdido su propio esposo; otros aseguraron que la dama arrastraba una desconocida enfermedad que le provocó una muerte tan inesperada como súbita.

Fuera lo que fuese —hoy en día los investigadores creen que debe eximirse a Dudley de toda culpa— el favorito de la reina consiguió escapar de aquella situación tan peligrosa, pues el tribunal que se reunió para dictaminar la causa del fallecimiento consideró, tras estudiar las pruebas presentadas, que la muerte de su esposa se había producido por algún casual accidente en el que Dudley no había tenido nada que ver. Empero, no satisfizo este veredicto a una opinión pública —con todas las salvedades que el término «opinión pública» podía significar por aquel entonces— ávida de romances y de tragedias noveleras, que pronto se convenció de que aquel ambicioso y cruel joven, para el que nada parecía sagrado, había ordenado asesinar a la única persona que se interponía en su deseo de ser, algún día, el rey de toda

Inglaterra. Fue tal el ambiente de crispación que se vivió entonces en Londres, tan virulentos los comentarios desatados por la relación de Isabel con Dudley, que Álvaro de la Quadra, el embajador de Felipe II en Inglaterra, que había sustituido al conde de Feria en su cargo a mediados de 1559, llegó a afirmar a su señor que en cualquier momento la reina podía ser «destronada y llevada a la cárcel».

Pero de la Quadra decía todo aquello influenciado por los comentarios de quienes decían que Isabel estaba enamorada hasta el tuétano de Robert Dudley. No sabía aún que para aquella joven su reino estaba por encima de cualquier pasión que cualquier hombre pudiera encender en ella.

Y entonces Robert, como veía que su pretensión de hacerse con el trono de Inglaterra hallaba cada vez mayores obstáculos, pues la reina empezaba a mostrarse fría y distante con él, se puso en contacto con Álvaro de la Quadra. Creía que el soberano español, que aún podía tener alguna influencia en Inglaterra, podría interceder por él ante la reina. Prometía Dudley a cambio que el reino regresaría inmediatamente al redil de Roma una vez que él ciñera la corona. Era ésta una oferta bien extraña en un hombre de convicciones tan arraigadas como él, y más cuando sabemos que durante el gobierno de María Tudor había recabado en prisión por defender sus creencias protestantes. ¿Fue esta una decisión motivada por el anhelo de poder? ¿Tanto quería escapar de su condición de «Master Of The Horse» de Isabel (que era, por otra parte, y como a sus enemigos les gustaba recordar con burlescos comentarios, el cargo que realmente ocupaba en la Corte cuando la reina comenzó a interesarse por él) que para ello estaba dispuesto a traicionar todo aquello en lo que había creído hasta la fecha? La extrañeza que rodea esta cuestión ha hecho pensar a muchos historiadores que Dudley, muy posiblemente, nunca habría cumplido tales promesas de haberse casado finalmente con la reina de Inglaterra.

Isabel, en cambio, no pareció escandalizarse cuando supo de los movimientos que había emprendido su pretendiente, pues lo mantuvo siempre a su lado, sin que ninguna de sus acciones, algunas de ellas bien arriesgadas, le hicieran caer jamás en desgracia. Así, en esta ocasión, una vez que fue informada de las acciones de su favorito, se limitó a llamar al embajador español y a pedirle que dijera a su rey que ella, sucediera lo que sucediese, nunca jamás se desposaría con Robert Dudley.

Y, sin embargo, poco después, en el verano de 1561, la reina Isabel, mientras se hallaba a bordo de una florida falúa que, con motivo de las celebraciones de la noche de San Juan, surcaba las aguas del río Támesis, protagonizó junto a su querido favorito una escena que Álvaro de la Quadra se apresuró en transmitir al rey Felipe:

Como nos encontrábamos solos en cubierta, la reina y lord Robert empezaron a hacer bromas, lo cual, por cierto, le parece más interesante que los asuntos serios. Lord Robert, en tono jocoso, se vuelve hacia mí y me pregunta si aceptaría casarlos a ambos; y ella, sin enojo alguno, responde que no cree que yo sepa suficiente ingles para hacerlo. Dejé que se divirtieran un rato con el tema, y, al final, me decidí a hablarles seriamente. Les aseguré que, si este era su deseo, yo podría ayudarlos a librarse de la tiranía de los consejeros que se habían apoderado de los asuntos del reino, y restaurar la paz, restableciendo, asimismo, la religión. Dije además que, una vez que hicieran esto, podrían casarse sin problemas, que me sentiría dichoso si ellos me invitaban a la ceremonia y que todos los que no estuvieran de acuerdo serían castigados.

Dice Michel Duchein en *Isabel I de Inglaterra* que algunos historiadores e investigadores han exagerado en sus textos la auténtica naturaleza de la relación que Isabel llevó con Dudley, pues, analizados con frialdad todos los hechos, no da la sensación de que la soberana inglesa, por muy atraída que se sintiese por su favorito, se dejara arrastrar por la pasión ni que, en el fondo, aquel «amante» consiguiera desatar en ella una atracción indefectible. Ello explicaría el que, muy poco después de verse rechazado, en la primavera de 1563, el «Master Of The Horse» de la reina ya pretendiera conseguir, sin éxito, y auspiciado por los apoyos de la mismísima soberana de Inglaterra, la mano de María Estuardo. «Diréis a mi buena hermana —escribiría la reina a su embajador en Escocia— (...) que nada me alegraría más que verle casada con un hombre noble de mi reino, que presenta todas las cualidades que se requieren, y que de aceptar esto, estaría dispuesta a apoyar con mi mayor empeño su causa en lo referido a mi sucesión.»

Tal vez Dudley sólo buscara el poder, pues, tras ser rechazado por la reina de Escocia, trató de conquistar a Isabel de nuevo. Y aunque consiguió que ésta le otorgase algunas concesiones honoríficas que le ayudaron a asentarse en la Corte, siendo la más importante de todas su nombramiento como conde de Leicester en 1564, nunca logró tornar de nuevo a sus brazos.

Aún daría que hablar este conde en el futuro. Seguramente, mantuvo intacta hasta el final de sus días la esperanza de convertirse en rey de Inglaterra. No se explica de otra forma que, años después, cuando descubrió que parecían avanzar alegremente las negociaciones matrimoniales de la reina con el Archiduque Carlos, éste, preso de la ambición, comenzara a mover todos sus contactos para situar a la población inglesa en contra de esa boda; ni tampoco el que a finales de la década de 1570 tratara de asesinar, como más adelante veremos, a Jean de Simier, el «Master of the Wardrobe» de uno de los más importantes pretendientes de Isabel, Francisco de Alençon.

La candidatura del Archiduque Carlos

Es posible que fueran las insistencias de sus súbditos —en el Parlamento de 1566 los diputados se habían negado a ofrecer subsidios económicos a la reina hasta que no les garantizase ésta una pronta solución a la cuestión matrimonial— las que llevaron a la reina Isabel a considerar a finales de la década de 1560 la candidatura esponsalicia del católico Archiduque Carlos. Pese a su confesión religiosa, este personaje, que durante largo tiempo había ambicionado la mano de la reina Isabel, contaba en aquel momento con el fervoroso apoyo de personajes bien respetados por la reina, entre estos, el importantísimo William Cecil.

El único escollo que parecía ofrecerse a tal unión era que el Archiduque había manifestado que sólo aceptaría convertirse en el rey de Inglaterra si su esposa le permitía seguir profesando su religión en territorio inglés. Tomose muchas licencias en tal asunto

Nobles del siglo XVI, *de W. van der Haecht.*

lord Sussex, el representante que la reina envió en agosto de 1567 a Viena para entablar las negociaciones con su pretendiente, pues aceptó éste, deseoso de que al fin su reina se comprometiera, la exigencia del candidato. Y aunque Isabel tampoco pareció reaccionar mal ante esta disposición, poco después, en el mes de diciembre, cuando ya parecía inminente la boda, ésta, arguyendo que la celebración de la liturgia católica en su reino contravenía las leyes establecidas, se negó a seguir adelante con el proyecto matrimonial.

Debe reseñarse que no deja de ser curioso que Isabel diera esperanzas tan definidas a los defensores del enlace para desdecir al final todo lo pactado, de allí que se pueda conjeturar con la posibilidad de que la reina simplemente se limitara a aceptar las peticiones de sus diputados, sin tener intención real de desposarse con su pretendiente, para acallar momentáneamente sus protestas.

Lord Darnley y el asesinato de David Riccio

Fue un jovenzuelo inglés vivaracho y animado, de pálido rostro, rubios cabellos y oscuros ojos, el que finalmente logró desposarse con María Estuardo. Se llamaba Enrique Darnley y había nacido el año 1545 en el seno de una noble familia que no había roto los lazos con la religión de Roma y que contaba entre sus antecesores a importantes figuras de las casas Tudor y Estuardo. Era un joven sin experiencia en las tareas del gobierno al que le resultaban más interesantes los placeres de la corona que sus obligaciones congénitas. También era, como pronto iba a descubrir María, desgraciadamente demasiado tarde, enormemente ambicioso, fácilmente manipulable y preocupantemente inconstante.

Cuando fue informada de con quien andaba María Estuardo en negociaciones para desposarse, la reina Isabel expresó inmediatamente su horror. Ese joven tenía sangre de reyes en sus venas, y, de sucederse el matrimonio con la Estuardo, la reina de Escocia reforzaría aún más su derecho a sucederle en el trono. Contactó enseguida con Nicholas Thorckmorton y le pidió que le dijera a Darnley que, en virtud de los lazos que unían a señor y a vasallo, le negaba la aquiescencia que precisaba para casarse: «Notificaréis a mi hermana, la reina de Escocia, que estoy muy apenada por los rumores que se oyen sobre ella. Lord Darnley es mi súbdito, y encuentro muy extraño que ella piense que puede casarse con él sin que yo le de previamente mi consentimiento. Espero que no persista en tal proyecto, porque, de lo contrario, no permaneceré en buenos términos con ella.» Mas, ni este pretendiente, que ya acariciaba la corona de Escocia, ni María, totalmente enamorada, tuvieron en cuenta estas palabras. Entonces, al ver que sus amenazas no surtían efecto, decidió Isabel, como último recurso, prender a la madre de Darnley, Margarita Douglas, la condesa de Lennox, y enviarla a la temible Torre de Londres. Sin embargo, tampoco este ardid logró que el incomodo pretendiente desistiera de sus intenciones. Al final, el 29 de julio de 1565, y sin que Isabel pudiera hacer nada por evitarlo, María Estuardo, vestida de terciopelo negro, contrajo, en el transcurso de una ceremonia privada sucedida en la capilla de Holyrood, matrimonio con Enrique Darnley.

Era Escocia protestante y sus dos reyes iban a ser católicos. Motivo más que suficiente para que los súbditos de María Estuardo se preocuparan.

María Estuardo se casó totalmente prendada de aquel joven que le asediaba en los jardines susurrándole, entre besos, que era la más hermosa criatura que jamás sus ojos habían visto. Feliz por lo maravillosa que podía ser la vida, andaba convencida la reina de los escoceses de que había encontrado al hombre que apartaría al fin todos sus pesares. Empero, cuando se extinguió la vehemente llama que había alimentado su pasión, pudo ver María, por primera vez, el auténtico rostro de su esposo. Así, sin aquel dionisíaco velo, Darnley apareció como un joven engreído que dependía en demasía de los dictados de su madre y que parecía interesarse más en los lujos y en los placeres de la corte que en los asuntos del gobierno.

Había, además, algo, mucho más grave, que pronto la soberana descubriría: su esposo no se conformaba con ser un mero rey consorte.

Rondaba por aquel entonces la Corte un talentoso músico italiano que frisaba los treinta y cuatro, no demasiado agraciado, de largos y finos labios, negros cabellos y saltones ojos, llamado David Riccio, que se había ganado con su ingenio y con sus gracias los favores y sonrisas de la reina.

Pronto, a raíz de las atenciones que recibía de María, comenzó a circular por la Corte el rumor de que Darnley se había visto suplantado en el lecho de su esposa por aquel italiano; y, cosa aún más grave, entre los círculos protestantes se empezó a decir (infundadamente, por lo que sabemos hoy) que Riccio era en realidad un agente secreto que había llegado allí bajo las órdenes del Papa Pío IV con la misión de recuperar aquel lugar para la religión católica.

Tales rumores consiguieron poner nervioso a Darnley, que ya temía por su trono, y al que, si ya le molestaba compartir la corona, aún le importunaba más el tener que compartir a su propia esposa. Se acercaron entonces al monarca los nobles contrarios a la reina, igualmente asustados por lo que se decía sobre Riccio, y, así, tras hablar con él y exponerle cuánto podría conseguir si se hacía con la Corona matrimonial, éste, dejándose envolver por el torbellino que rodeaba a sus ambiciones, decidió aliarse con ellos.

La conjura trazada por el monarca se sucedió el 9 de marzo de 1566 en el Palacio de Holyrood. Estaba aquel día María en su sala privada, embarazada de seis meses del futuro Jacobo I de Inglaterra, acompañada de algunos amigos, Riccio entre ellos, cuando, entre el tañido de las campanas que señalaba las ocho, entró Darnley en la habitación. Inmediatamente se preguntó la reina qué había acontecido para que su marido, que tanto odiaba aquellas reuniones, y que en tan malas relaciones estaba con ella, decidiera aparecer aquella noche en aquel lugar. Halló la respuesta unos minutos después, cuando, utilizando la puerta que había cruzado el rey consorte, irrumpió en la habitación un caballero vestido con una armadura que, espada en mano, se acercó amenazante hasta Riccio. El italiano, a quien, de acuerdo el protocolo, no se le hubiera permitido cenar con la reina, pues no era su condición de tan noble raigambre, pero que accedía a todas las fiestas palaciegas que se organizaban porque así lo deseaba la soberana, empalideció de horror y se echó atrás. Entraron entonces nuevos hombres armados, y Riccio, viéndose perdido, se aferró cobardemente a su amiga María, de tal guisa que, de no haber sido tan delicados aquellos momentos, la imagen podría haber desatado la risa de los presentes, pues tuvieron aquellos caballeros armados que lidiar con él para arrancarlo de las preñadas faldas de la reina. Hecho esto, arrastraron por los suelos del Palacio su pequeño cuerpo, mientras éste, entre pataleos y lloros, gritaba: «¡Justicia, justicia! ¡Salvad mi vida, madame, salvad mi vida!». Pero María no podía hacer nada para evitar que se cumplieran los planes de aquellos hombres. Horrorizada, y flanqueada por algunos de ellos, se vio obligada a esperar, nerviosa, el discurrir de los acontecimientos.

Una vez que los intrusos comprobaron que no estaban a la vista de la reina, hundieron, una y otra vez, con terrible saña, sus dagas en el pecho del italiano, y cuando al fin su sed de venganza quedó saciada, arrojaron inmisericordes sus despojos a uno de los patios.

El cuerpo de Riccio, aquel joven y distinguido músico, que tantas veces había hecho bailar y reír a la reina de Escocia, quedó allí, inerte, tendido sobre un charco de sangre.

Tras esto, los rebeldes encerraron a María Estuardo en su habitación, dejándole al cuidado de su esposo, que, feliz porque todo se estuviera desarrollando conforme a lo que había previsto, ya se veía con la Corona matrimonial sobre la testa.

Llegó así la noche. Y se hizo un silencio de horror y miedo en el Palacio. Y entonces, María, que aún confiaba en sus encantos y en su inteligencia, se acercó a su marido, y, entre cariños, halagos y buscadas palabras, fue, poco a poco, convenciéndole de que, por mucho que él creyera lo contrario, aquellos hombres con los que se había aliado jamás permitirían que un católico se hiciera con el trono de Escocia.

Se sintió Darnley tan alarmado al oír sus palabras, que, tras muchas conjeturas, decidió, demostrando así su inconstancia, traicionar a sus aliados y situarse, de nuevo, del lado de su esposa. Huyeron entonces los dos, entre las sombras de la noche, hasta el cercano castillo de Dunbar, donde, apoyados por los generales afines a María, deshicieron rápidamente aquella conjura.

Las cosas cambiaron mucho desde aquel día. Conmovida por el asesinato de su amigo Riccio y sintiéndose traicionada por su marido, al que nunca iba a perdonar esa intentona conspirativa, María comenzó a frecuentar la compañía del conde de Bothwell, un pendenciero aventurero ávido de poder que pronto, como enseguida veremos, entraría a formar parte de la Historia de Escocia.

IV. LAS GUERRAS DE RELIGIÓN FRANCESAS

> *Esta noche, señor —dijo Carlos IX—, ¡me libran de todos los hugonotes! ¿Veis allá, al fondo, aquel humo y aquellas llamas que salen por encima del palacio de Borbón? (...) ¿Veis aquel cuerpo que unos buenos católicos arrastran sobre un jergón roto? Es el cadáver del yerno del almirante.*
>
> Alejandro Dumas, *La reina Margot*

Cuando el 1 de junio de 1559 el rey Enrique II de Francia dirigió su caballo hacia la calle de San Antonio, entre el repicar de las campanas de las iglesias de París, las calles engalanadas y festivas, el bullicio de los hombres de su impresionante cortejo y los vítores de la emocionada multitud, tenía motivos suficientes para creerse uno de los hombres más afortunados de toda Europa. Había firmado la paz con España, había casado a su hija con el soberano de la nación vecina, había afincado su autoridad sobre sus súbditos, consiguiendo que los nobles le rindieran, al fin, obediencia y, además, había asegurado para Francia un heredero, pues su mujer, Catalina de Médicis, le había dado ya diez hijos.

Y sin embargo, quince días después, yacía este desventurado rey en una tumba, y comenzaba para Francia un largo periodo de decadencia que iba a dejar tras de sí los sangrientos resultados de cuatro décadas de terribles guerras civiles. La mala fortuna, las arraigadas y egoístas ambiciones políticas de los nobles de Francia, la cada vez más enconada desazón social y económica, la manifiesta debilidad de los sucesores de Enrique, y las disensiones provocadas por la Reforma protestante, se combinaron para dar lugar a una etapa de sangrientos conflictos y terribles calamidades que sólo remitió cuando el siglo empezó a exhalar sus últimos suspiros.

No podía acaecer peor suerte para el reino que la desaparición de quien hasta la fecha había puesto veda a las ambiciones de los nobles franceses, pues, apenas finalizaron las exequias del monarca, dieron éstos rienda suelta a su sed de poder y riquezas. Dos partidos lideraron aquella contienda que desgarró el reino de norte a sur; de un lado, el de los Guisa, defensores empecinados de la tradición católica; de otro, el de los Condé, los principales representantes del bando hugonote, tan seguros de sus creencias como sus enemigos, y tan dispuestos como ellos a señalar con la sangre de sus adversarios el camino hacia la salvación.

Tras el Parlamento de 1559, en el que se había adoptado oficialmente la Reforma, Isabel se había convertido en una monarca modélica para los seguidores de Lutero. Empero, ni la reina, que nunca se caracterizó por su hervor religioso, ni William Cecil, escucharon las desesperadas peticiones de ayuda que, ya desde el inicio del alzamiento, le dirigieron los rebeldes desde Francia. Había mucho que guardar, e Inglaterra no podía enviar sus fuerzas hasta allá y, además, no era aquella, por más que muchos así lo vieran, una guerra que concerniese al reino.

Pasaron los años, y los rebeldes franceses prosiguieron la lucha, pero como ninguno de los dos bandos lograba apuntarse una victoria que le permitiera ganar la guerra, convinieron los partidos enfrentados, para evitar que ese reino se desangrara, firmar, el 17 de enero de 1562, un tratado de paz.

Un mes y medio se mantuvo ésta.

Aunque, como gesto de buena voluntad, Catalina de Médicis, la encargada de la regencia de Carlos IX, había promulgado, al poco de concertar la paz, un edicto por el que se permitía, con la condición de que lo llevaran a cabo mas allá de los muros que contorneaban las ciudades, que los hugonotes celebraran su culto, todo se truncó cuando, el 1 de marzo de 1562, algunos miembros de la familia Guisa asesinaron en Vassy a un grupo de protestantes que estaban contraviniendo esas ordenanzas. Produjo este suceso tantas respuestas, tantos descontentos entre la población, que, al poco, volvieron a reanudarse las hostilidades en Francia.

Fue por aquel entonces cuando los rebeldes volvieron a contactar con Isabel.

No era la reina inglesa una defensora a ultranza de los postulados protestantes, no al menos en aquel momento, y sus insípidos afectos religiosos le hacían observar el conflicto francés desde una visión mucho más pragmática. Pronto dio a conocer a los insurgentes rebeldes que sólo alzaría sus armas por ellos, si éstos, en lugar de volátiles ventajas espirituales, le reportaban alguna ventaja territorial que pudiera sumar a su corona.

Cuando se le preguntó cuál era el territorio que realmente deseaba, ésta contestó: «Calais». Los rebeldes aceptaron la oferta.

El 19 de septiembre de 1562 firmó Isabel, en nombre del «Rey Muy Cristiano» (Carlos IX, a quien la propaganda calvinista presentaba como un prisionero de los Guisa cuando, en realidad, se había posicionado por propia voluntad del lado del bando católico), el tratado de Hampton Court. Con él, Inglaterra entraba, al fin, en las guerras del país vecino.

Isabel, plena de fe y de entusiasmo, preparaba a los suyos para la batalla, asegurando una victoria que había de ser aún más grande que la que dos años atrás habían conseguido contra los ejércitos de María de Guisa. Su asesor William Cecil, mucho más experimentado en las tareas de gobierno que la joven soberana, no parecía, en cambio, participar de tales optimismos.

Efectivamente, el avispado secretario tenía razón, pues, varios meses después, y pese a que en los dos bandos se habían sucedido victorias que podrían haber inclinado la balanza a uno u otro lado —por ejemplo, la que los ejércitos de los Guisa arrebataron el 19 de diciembre de 1562 a Condé—, al final, los agotados y mermados bandos se vieron obligados a solucionar por medio de tratados lo que hasta la fecha no habían arreglado por la fuerza de las armas. El 11 de marzo de 1563 llegó, de nuevo, aunque sólo momentáneamente, la paz a Francia.

Isabel, sorprendida por tan incómodo resultado, se negó, iracunda, a dejar su rúbrica en aquel pacto que nada reportaba a su reino; y aún llegó a más, pues, cegada por la rabia ordenó que sus soldados permanecieran en El Havre, la ciudad que había dejado bajo su custodia el príncipe de Condé. Ante tan obstinada reacción, los atónitos consejeros de Carlos IX, al ver que ninguna de sus palabras conseguía doblegar la voluntad de la reina, se vieron obligados a declarar la guerra a Inglaterra.

Una vez más, la suerte no acompañaría a la soberana inglesa, pues al poco de que los franceses iniciaran el sitio a El Havre, se propagó la peste por toda la ciudad, atacando a sus habitantes y dejando a su paso un rastro de muerte y de destrucción, y, como a nadie favorecía que, sin posibilidad alguna de victoria, los supervivientes resistieran hasta la muerte, tuvo que entregar el conde de Warwick, el encargado de defender aquella plaza, su espada a sus enemigos y aceptar, en el nombre de la soberana, las condiciones que estos le imponían para firmar la paz.

Esta rendición obligó a la monarca a plasmar su rúbrica en el humillante tratado de Troyes. Isabel se mostró desolada al conocer lo sucedido; al firmar aquel papel destruía, de una sola plumada, su sueño de ver algún día Calais en manos de un rey inglés.

La fracasada política matrimonial anglo-francesa

En 1565 llegó a los oídos de Catalina de Médicis la noticia de que la soberana inglesa estaba considerando la oferta esponsalicia del Archiduque Carlos. Creía la regente que Francia debía estar al lado de Inglaterra, así que le propuso, para asegurar así su amistad de la más tangible de las formas, que se casara con su hijo, el rey Carlos IX de Francia.

Pero Carlos IX sólo tenía por aquel entonces quince años, y cuando el embajador francés Paul de Foix informó a Isabel de las intenciones de su señora, un claro gesto de desagrado se asomó en el rostro de la inglesa. «Casarme —respondió entonces— haría que me sintiera como si me arrancaran el corazón de las entrañas».

Cuando su emisario regresó a Francia y le dijo que la reina Isabel no estaba dispuesta a casarse con aquel candidato, Catalina, espoleada por la ambición, siguió urdiendo planes para reunir algún día bajo la casa

Valois las coronas de Inglaterra y Francia. Tres años después volvió a proponer a Isabel a otro de sus hijos, Enrique Alejandro, el duque de Anjou.

En poco se diferenciaba esta oferta de la anterior, mas, esta vez, a causa de las amenazadoras nubes que parecían cernirse sobre su reino, Isabel sí tuvo que plantearse la candidatura de aquel joven.

Así, consciente de cuán necesario resultaba establecer una alianza que le permitiera reforzar su posición ante la de sus enemigos, decidió la reina iniciar, a principios de la década de 1570, las primeras negociaciones matrimoniales con la corte francesa.

El mes de marzo de 1571 reunió la reina a su consejo y, ante la mirada atónita de todos, dijo que, al fin, iba a resolver la cuestión que tantas veces le habían preguntado; ¿al fin —se interrogaron todos—, tras más de diez años de insistencias, la soberana, caprichosa y terca como pocas, se avenía a afrontar la cuestión que tantos debates había suscitado en aquella cámara? ¿En verdad había sido sincera cuando años atrás había comentado a sus súbditos que el tema de la sucesión concernía únicamente a ella y que no debían inmiscuirse en él, ni tampoco preocuparse, pues ella, consciente de que debía dar a Inglaterra un heredero que pudiera ceñir en el futuro su corona, pronto solucionaría esa cuestión?

Por un momento, a todos pareció que sí lo había sido.

Y aún más se tomó en serio aquella oferta cuando las sospechas que Isabel albergaba respecto a sus enemigos católicos se confirmaron y quedó al descubierto la intentona golpista que Thomas Howard, el duque de Norfolk, había maquinado para arrebatarle la corona. Sucedida en abril de 1571, los urdidores de esta conspiración pretendieron apartar a la reina del trono de Inglaterra y situar en su lugar, con el apoyo de las tropas de Felipe II, a María Estuardo. No resulta extraño, por tanto, que tras ser consciente del peligro que corría, la reina, entumecida por las acciones que planeaban sus enemigos, venciera al fin sus reticencias al matrimonio y retomara la vieja oferta de Catalina de Médicis.

Pero por mucho que la necesidad apremiara, la reina continuaba sintiendo que una boda, en efecto, le haría sentir como si le sacaran el corazón de las entrañas, y, al final, decidió romper las negociaciones matrimoniales. Y nada pudieron hacer para evitar esto la inmensa labor diplomática y la prudencia extrema de los plenipotenciarios de ambos reinos, pues a las renuncias al compromiso de Isabel, de naturaleza ciertamente fóbica, se unía el serio inconveniente de que tampoco su católico pretendiente pareciera albergar demasiadas simpatías por los países que habían abrazado la Reforma. Esta última circunstancia llevó a los diplomáticos franceses a exigir a los embajadores ingleses que la reina permitiera a su futuro marido oficiar el culto católico en las islas, pero Isabel, que en el pasado ya había demostrado al Archiduque Carlos que no estaba dispuesta a permitir veleidad religiosa alguna en sus territorios, dejó inmediatamente de manifiesto que no claudicaría en un aspecto que podría sentar en el futuro un peligroso precedente para sus súbditos católicos.

Por otra parte, si bien es cierto que el duque de Anjou parecía aceptar las imposiciones de su madre, la idea de desposarse en la flor de su juventud con esa mujer que posiblemente ya no podría darle hijos, y de la que los círculos católicos contaban tan temibles historias, no parecía prender en él atisbo de emoción alguna. Y, además, había algo que soterraba todo lo anterior, y es que el duque no podía evitar pensar que ese enlace formaba parte de una trampa que Carlos IX había urdido contra él para alejarle de Francia y conseguir así que en el futuro no pudiera, en ese contexto francés pleno de disensiones y fanatismos, hacer valer sus derechos sucesorios a la corona.

Tales contratiempos impedirían que Isabel y Enrique Alejandro unieran para siempre sus destinos. Ello no sería óbice, sin embargo, para que los contactos diplomáticos persistieran, pues había demasiado en juego como para que esas dos mujeres que gobernaban tan distintos reinos no hicieran lo posible para consignar un pacto de alianza que fortaleciera su posición ante el enemigo español. El 29 de abril de 1572 firmaban Isabel y Catalina de Médicis en Blois un tratado de unión en el que ambos reinos se prometían mutua ayuda en el caso de verse atacados por un tercero.

Evidentemente, no se puede decir que Isabel sintiera desconsuelo alguno por el rechazo del duque de Anjou, pues para ella ese matrimonio no había sido más que una imposición a la que se había tenido que doblegar; e incluso es posible que la soberana inglesa, dada la especial habilidad que tenía para predecir las reacciones humanas, pronosticara (e incluso forzara) desde el principio tal fin. De ser así, esta propuesta le habría servido para demostrar su buena voluntad ante Francia y formalizar así una alianza duradera entre los dos Estados. Por tanto, su reticencia a aceptar las imposiciones religiosas del de Anjou, hecho que, como ella bien sabía, iba a conducir a una inevitable ruptura de las negociaciones, podría hacernos pensar que jamás estuvo Isabel dispuesta a casarse y que en todo momento pretendió sabotear el buen fin del enlace.

La noche de San Bartolomé

Aquel ilusorio tratado de concordia que protestantes y católicos franceses firmaron el 11 de marzo de 1563 con la esperanza de que terminasen los conflictos no habría de perdurar, desgraciadamente, demasiado tiempo. A él siguieron dos guerras civiles que dejaron de manifiesto, además de la decadencia en la que paulatinamente iba sumiéndose la dinastía Valois, cuán incapaz era el poder central de sobreponerse a las luchas nobiliarias. No terminaron estas hasta que, en 1570, Catalina de Médicis, deseosa de alcanzar una concordia que permitiera fortalecer la posición del rey, otorgó en la paz de Saint-Germain importantes concesiones a los protestantes. Empero, la ilusión de concordia que este tratado generó se truncó con tal inmediatez que pronto fue evidente para todos que su firma apenas había conseguido maquillar las enormes diferencias que había entre los dos bandos.

Comenzó esto cuando, a principios de agosto de 1570, el almirante Coligny, antiguo líder protestante que tras la firma de la concordia había entrado, en señal de la buena voluntad de la regente, a formar parte del consejo real, propuso a la corte francesa que se enviara una expedición armada, constituida por soldados protestantes y católicos, contra los Países Bajos españoles para así apoyar militarmente a las tropas rebeldes que se habían levantado allí contra el rey de España. Sin embargo, consciente de que una victoria del bando rebelde habría reforzado peligrosamente la posición reformista europea —y eso en el caso de que ésta se consiguiera, pues bien sabía la madre de Carlos IX que el reino no estaba en disposición de entablar una guerra contra el poderoso Imperio de Felipe II—, Catalina se negó a emprender, ante el visible resquemor de su almirante, esa difícil empresa. Decepcionado por la actitud de su soberana, y tras comprobar que pese a sus insistencias, cuidadosamente razonadas, la regente hacía oídos sordos a su proposición, marchó Coligny del salón del Palacio entre desafortunadas amenazas que hicieron que afloraran inmediatamente los soterrados miedos que Catalina había venido ocultando desde que pocos meses atrás se firmara la paz. Así, cuando, poco después, descubrió ésta que su consejero estaba armando un ejército, decidió acabar con la vida de aquel hombre que podría poner en peligro la estabilidad del reino. El 18 de agosto de 1572, día elegido para el crimen, ya que se celebraban las fiestas y ceremonias que se habían organizado en París con motivo de la boda de Enrique de Navarra con la princesa Margarita de Valois —la famosa reina Margot—, e iba a ser fácil localizar a los principales jefes hugonotes, un asesino pagado por los Guisa disparó contra Coligny. Empero, el sirviente de Margarita erró el tiro e hirió únicamente el brazo del almirante, que, advertido por aquella explosión, huyó inmediatamente de aquel lugar, sin dar ocasión a que se produjera un segundo disparo contra él.

Asustada por las seguras consecuencias que iban a derivarse de todo esto, ya que Coligny estaba en disposición de descubrir quien había dado la orden de atentar contra él, Catalina, apoyada por las palabras de Enrique Alejandro y del duque de Guisa, hizo creer a su hijo Carlos IX que los protestantes tramaban un complot contra la casa real y que debía ordenar para evitarlo la inmediata eliminación de todos los miembros del estado mayor hugonote.

La noche que se eligió para perpetrar aquel atentado, en la que fueron asesinados los principales jefes protestantes, Coligny entre ellos, pasó a la Historia con el nombre de «la Noche de San Bartolomé».

Sin embargo, este suceso, que, por el matrimonio de Enrique de Navarra, el futuro Enrique IV de Francia —el único líder hugonote que consiguió escapar de las iras de los enviados católicos—, también recibe el apelativo de «bodas de sangre parisinas», fue únicamente el prólogo de la terrible e indiscriminada matanza —inmortalizada por Vasari, a encargo del Papa Gregorio XIII, en el propagandístico cuadro, *El exterminio de los hugonotes*—, que, entre los días 24 y 27 de agosto, tiñó de sangre hugonote las calles de la capital francesa.

Es difícil cuantificar el número de víctimas que esta campaña de odio y de terror provocó, primero en París, después en otras ciudades del reino; algunos historiadores dan un número de cuatro mil, otros llegan a los veinte mil. La mayoría se sitúa en torno a los diez mil.

Sin embargo, el golpe sufrido no logró, para gran consternación de Catalina, acabar con los partidarios de la Reforma. Al poco, sus integrantes se reorganizaron con renovadas fuerzas y empezaron a atacar con inusitada violencia a los partidarios del rey Carlos.

La Paz de Saint Germain no había sido más que un espejismo y, ahora, una vez más, la guerra volvía a descubrir su horrible rostro.

Isabel se vio tras los sucesos iniciados el 24 de agosto en la obligación de mostrar consternación ante las acciones emprendidas por la monarquía francesa; sin embargo, como le interesaba estar a bien con Catalina, aceptó rápidamente la excusa que le brindó su aliada para librarse de toda culpa. Aseguraba ésta que el gobierno francés se había visto obligado a emprender tales acciones para salvaguardar el linaje de la casa real, pues a sus oídos había llegado la noticia de que los protestantes ajusticiados pretendían atentar contra el joven príncipe.

Esta patraña sirvió para que Isabel, que no olvidó manifestar en sus cartas el terrible dolor que le causaba el que se hubiera derramado tanta sangre, pudiera mantener sus buenas relaciones con Francia, pues, no en vano, no había para la reina nada más sagrado que la obediencia que todo súbdito, independientemente de su fe, debía a la Corona; y tan bien se llevó desde entonces con Catalina, que incluso aceptó, confirmando que la alianza gozaba de buena salud, en un gesto que demuestra que los intereses se superponen repetidas veces a las ideologías, oficiar como madrina —pese a ser protestante— en el bautizo de la hija de los cristianísimos reyes de Francia, Carlos IX e Isabel de Austria.

La necesidad de una concordia anglo-francesa quedó nuevamente de manifiesto con la tercera intentona que la regente francesa emprendió para casar a Isabel con uno de sus hijos, el menor de todos ellos, Francisco de Alençon. Empero, tal proposición, a la que más adelante dedicaremos algunas líneas por su singular excepcionalidad, no cobraría importancia hasta finales de la década.

En cuanto al Duque de Anjou, que efectivamente había jugado bien sus cartas al renunciar a la boda con Isabel y mantenerse así al tanto de la sucesión del enfermizo Carlos IX, se convirtió, tras el fallecimiento de su hermano en 1574, en el rey Enrique III. Discurriría su reinado, al igual que el de su predecesor, entre los horrores de las cada vez más virulentas guerras de religión. Sólo su sucesor, Enrique IV, conseguiría, como más adelante veremos, tras reforzar el poder central y tras considerar que la única vía de escape a la situación era la consolidación de la soberanía del Estado, la ansiada paz en el territorio francés.

V. LA REINA DESTRONADA. PRISIÓN PARA MARÍA ESTUARDO

> *Apenas llegó a este país, desterrada e implorando el auxilio de su parienta Isabel, fue detenida contra el derecho de gentes y la dignidad real; y en un calabozo, entre lágrimas, se consumen los mejores años de su juventud.*
>
> FRIEDRICH SCHILLER, *María Estuardo*

Cuando Enrique Darnley se convirtió en el rey consorte de Escocia muchos nobles europeos, que habían suspirado largo tiempo por la mano de la reina, desearon la suerte de aquel joven que, sin más mérito que el de haber enamorado a su esposa, había conseguido tan alta posición.

Y, sin embargo, un año y medio después ya nadie envidiaba su fortuna.

El 10 de febrero de 1567 el rey consorte fallecía en un espectacular y estrepitoso atentado que dejaba sentir sus inesperados ecos por toda Europa. Convalecía aquella noche en una sombría casa cercana a la residencia real. Estaba enfermo —aunque en aquel momento ya se hallaba fuera de todo peligro—, y se le había trasladado hasta allí para que no tuviera que sufrir durante su recuperación los agobios, indiscreciones y atropellos típicos de la ajetreada vida de palacio.

Se hallaba la reina, entretanto, sumida en el bullicio de una fiesta que se celebraba en su residencia de Holyrood —aquella noche se casaba una de sus damas y amigas, Margarita Carwood, y ésta le había rogado que honrara la boda con su regia presencia—, bailando con los nobles señores de la Corte, entre el tañer de los instrumentos y los excesos del banquete.

Dos horas después de que María se retirase a sus aposentos, una enorme explosión, acompañada de un resplandor vivísimo que iluminó por un instante las grises nubes que se cernían sobre Edimburgo, hizo retumbar los muros de piedra del espectral Palacio de Holyrood. Los guardias, que rondaban adormecidos sus pasillos, comenzaron a preguntarse qué podría haber desencadenado todo aquello, y, pasados unos instantes, cayeron en la cuenta de que aquel ruido provenía del lugar en el que se hallaba la residencia del rey.

Se afanaron en llegar hasta allí siervos y criados y hallaron la casa de Darnley hecha ruinas. Como era peligroso andar sin lumbre, a tientas, entre sus frágiles muros, convinieron los hombres de la reina no hacer nada hasta que despuntara el alba.

Así, horas después, pudieron encontrar estos, en un jardín contiguo a la residencia, iluminado por las primeras luces del día y por los deslizantes fuegos de las antorchas, el exangüe cadáver de Darnley. Su ropa, intacta, no mostraba signos de lucha, y sólo una marca, en el cuello, daba alguna pista del modo en el que el rey había sido asesinado.

Nunca se supo nada de los artífices de tan oscuro crimen, pues, si bien parece claro que fue Lord Bothwell su organizador, que a la sazón era más conocido por los rumores que se contaban acerca de su sospechosa relación con la reina que por otras cuestiones merecedoras de mayor mérito, nunca nadie pudo asegurar quién había estrangulado a Darnley, el motivo por el que había dejado en ese lugar su cuerpo o la causa de que se produjera aquella detonación cuando, según todos los indicios, el rey ya se hallaba en aquel momento inerme en el jardín.

Aunque María recibió la trágica noticia con profusos lloros, en los días subsiguientes no pareció, empero, demasiado afectada. De hecho, fue tan frío su comportamiento, tan extraño en aquella mujer que para casarse con aquel hombre había antepuesto el corazón a la razón, que muchos creyeron que había sido la reina la que, en compañía de su amante, había tramado aquel innoble asesinato. Este rumor se propagó con tal asentimiento por toda Edimburgo, con tanta contundencia, con tan callejera imaginación, que en pocos días la culpabilidad de la reina pasó a ser el tema de conversación favorito de los escoceses.

Empero, las elucubraciones de quienes afirmaron esto no estuvieron dirigidas únicamente por tesis nacidas de tenues indicios y noveleras habladurías, pues estuvieron constatadas éstas por los testimonios de algunos de los sirvientes de Lord Bothwell, que, públicamente, habían asegurado que había sido el amante de la reina —si bien en ningún momento habían nombrado a ésta—, quien había ordenado perpetrar el crimen.

Y entonces, en tan contrario clima, sólo tres meses después del atentado, María anunció, ante la sorpresa y la consternación de todos, que se había comprometido matrimonialmente con el principal sospechoso del asesinato de su esposo, el conde de Bothwell.

Casó la pareja el 15 de mayo en el gran salón de Holyrood, según el rito protestante —circunstancia que en el futuro haría elucubrar muy diferentes tesis a los católicos—. Llevaba la reina un viejo vestido amarillo que había recubierto de tafetán blanco y una túnica negra ribeteada con trencilla de oro. Su rostro, según algunos de los testigos, no irradiaba felicidad alguna.

Estallaron, al poco de conocerse la noticia, los descontentos y algunos nobles se levantaron en armas. El 10 de junio se lanzaron, secundados por dos mil hombres, ante la mirada asustada de los pobladores que había en derredor, contra el castillo de Borthwich, donde residía la pareja de recién casados. Ante la furiosa acometida de los alzados, y viendo que no podían hacer nada para hacerles frente, tuvieron que huir de aquel lugar los reyes por una puerta trasera; el marido, disfrazado de sacerdote, y la esposa, vestida con ropas de hombre. Llegaron éstos poco después al castillo de Dunbar, y, desde allí, tras congregar a dos mil quinientos soldados, partieron en busca de los ejércitos rebeldes.

El enfrentamiento final se sucedió el 15 de junio, en la colina de Carberry, bajo un sol abrasador que arrancaba destellos de las armaduras de los soldados. Entre todas las banderas que ondeaban aquel día destacaba una, situada al frente de la soldadesca, en la que aparecía retratado el cadáver de Darnley, al pie de un árbol, junto al de su hijo, en la que podía leerse: «Juzga y venga mi causa, oh, Señor».

Pese a todo, hubo muy pocas estocadas en esa batalla, pues tras intentar los dos bandos, sin éxito, dirimir su suerte en un combate personal, al estilo del medievo, una buena parte del ejército real, al ver que transcurría el tiempo y que nada bueno parecía pronosticarse, decidió desertar y dejar a sus jefes a merced del enemigo.

Supo entonces María que todo estaba perdido y decidió hablar con los conjurados para pactar su rendición a cambio de la vida de su esposo. Los rebeldes, viendo que aquella era una oferta bien ventajosa, aceptaron la propuesta. Dijéronse unas últimas palabras los reyes y, bajo la indiscreta mirada de dos ejércitos, en una estampa tan trágica como romántica, se despidieron con un último beso. Tras una última mirada, y teniendo de fondo la puesta de sol, Bothwell espoleó a su corcel y salió a galope.

Los dos amantes, que se habían dicho adiós con la esperanza de un pronto reencuentro, desconocían que nunca más volverían a verse.

Condujeron a continuación los rebeldes a su prisionera hasta el castillo de Sir William Douglas, en Lochleven, donde, vigilada por los atentos ojos de los Lores escoceses, y con el murmullo de fondo de las indignadas multitudes que se agolpaban a las faldas de su prisión, fue obligada a abdicar a favor de su hijo Jacobo, que por aquel entonces contaba tan sólo con trece meses de edad, y a otorgar la regencia a los nobles sublevados.

No estaba, sin embargo, la destronada dispuesta a dejarse llevar por el destino como si fuese una hoja seca sometida al vaivén del viento, y así, con ayuda de algunos aliados, logró escapar de la prisión en la que los nobles la habían confinado. Empezó entonces a vagar de lugar en lugar, llamando a sus partidarios para que le ayudasen a reunir un ejército que le devolviera el trono. No estuvo tampoco esta vez la fortuna de su lado, pues aunque consiguió para su causa un importante número de soldados, al poco de presentar batalla, fueron todos nuevamente derrotados.

Entró entonces en la historia de la reina de los escoceses la mujer que iba a dirigir su destino hasta el día de su muerte: la impasible Isabel I de Inglaterra. Dirigiose María hasta el reino vecino y, confiando en su buena voluntad, envió una carta a la soberana inglesa pidiéndole, en tono quejumbroso, idealista, e incluso romántico, que le ayudase a solucionar su desgracia.

Ordenó María que llevaran su carta hasta Londres y, al poco, estuvo esta en las manos de la reina de Inglaterra. Cuando la abrió y comenzó a leer las primeras líneas, Isabel no pudo creer lo que éstas decían...¡su prima había entrado furtivamente en sus tierras y, además, tenía el atrevimiento de solicitarle una audiencia! ¡Esa reina destronada, católica, le pedía ayuda contra quienes eran sus naturales aliados, contra aquellos a cuyo lado había combatido en el pasado!

Pasada la consternación del primer momento, recompuso Isabel el gesto, y, al no saber bien qué respuesta podía darle, ordenó a los suyos, que, por el momento, acogieran a la escocesa con los honores propios de una jefa de Estado. Sabía que debía ganar tiempo, sin que sus excusas causaran merma alguna en sus esperanzas, pues, si despechaba a su pariente con malas palabras, ésta se podría dirigir, con las mismas peticiones, a los temibles estados católicos europeos. Así, bajo la influencia de Cecil, que no dejó de recordarle que, sin duda, sería más conveniente cortar inmediatamente las alas de aquella intrusa, Isabel tomó una decisión que, no por estar alejada de la ética, dejaba de enmarcarse en los juegos maquiavélicos de poder que impregnaban por aquel entonces la lógica de las cortes europeas.

Merece la pena hacer un inciso para reseñar cuán sorprendente resulta que María decidiera pedir ayuda, en lugar de a Felipe II, su natural aliado, o a sus parientes franceses, a una mujer a la que jamás había tenido oportunidad de ver cara a cara y que siempre se había negado a considerar el derecho que, como pariente de Enrique VII, tenía en la sucesión al trono.

Obedecieran a un sentimiento, a una lógica o a la inconsciencia, las consecuencias de esta decisión fueron desastrosas para María.

Bien sabía Isabel que debía evitar el contacto de su destronada prima con los reinos franceses y españoles, pero, ¿cómo podía hacerlo sin iniciar un conflicto armado con el territorio vecino? Estuvo meditando esto durante algún tiempo y, al final, halló la solución: debía retener a María Estuardo en sus tierras todo el tiempo que fuera posible. Mas, ¿cómo hacer esto sin recibir la mirada acusadora de toda Europa? Recordó entonces Isabel cuán dañado estaba el honor de su lejana pariente tras el atentado de Kirk

O'Field, y le escribió manifestándole que no podría recibirla hasta que un tribunal justo e imparcial reconociese su inocencia en aquel asesinato.

Así, el 4 de octubre de 1568 se inició la Conferencia de York, posteriormente trasladada a Westminster, en la que se presentaron ante los jueces varios textos, supuestamente escritos por María, que conformaban las denominadas «cartas misivas, contratos u obligaciones de matrimonio, sonetos o canciones de amor y todas las demás cartas contenidas en ella» (o, más comúnmente llamadas, las «cartas de la arqueta») y que, según Jacobo Stewart, conde de Moray, el jefe del partido protestante, probaban irrefutablemente que la reina había participado en la conjura que había acabado con la vida de Enrique Darnley. Empero, la ambigüedad de estos textos y su dudosa autenticidad (Antonia Fraser hace un interesante estudio en *María Estuardo, reina de los escoceses* por el que concluye que éstos se falsificaron o modificaron para favorecer las tesis de la acusación) no permitió a los de Moray demostrar la culpabilidad de María. Hoy día las controvertidas cartas más que arrojar luz confunden enormemente el juicio de los historiadores, pues no faltan quienes las defienden acérrimamente ni quienes las denigran sistemáticamente por arteras y falaces. Tal es el caso de escritores como Hilaire Belloc, que en su conocido libro *Isabel I de Inglaterra* emprendió una vigorosa defensa de la inocencia de María pese a no contar con base empírica alguna para sostener sus tesis. El autor incurrió en el error al tratar de refutar cualquier contraargumentación a partir de premisas que intentaban parecer indiscutibles pero que, en realidad, obedecían más a criterios de fe que a pruebas tangibles.

La animadversión que desataron estas supuestas cartas entre los seguidores de la reina puede comprenderse si consideramos el injusto trato que recibió María tras finalizar la Conferencia de York, pues, pese a no dictarse veredicto alguno de culpabilidad contra ella, la reina de los escoceses siguió prisionera de Isabel I de Inglaterra.

Tampoco hemos de juzgar, no al menos bajo nuestros planteamientos morales, la decisión que tomó Isabel. No en vano, era su más directa rival al trono, una mujer que contaba con la aquiescencia y los apoyos de los estados católicos europeos, la que le pedía ayuda.

Las intenciones conspirativas del duque de Norfolk

Entretanto, en la comisión que venía a tratar la culpabilidad o la inocencia de la reina de los escoceses se había sucedido, mucho más soterradamente, una nueva intriga, esta vez desconocida por la reina inglesa, protagonizada por Thomas Howard, el cuarto duque de Norfolk. Éste, convencido por las palabras de personajes como Moray o Maitland, había propuesto matrimonio a la prisionera, y, si bien, sus principales valedores se habían desentendido de estas responsabilidades después de que María quedara definitivamente en manos inglesas, el de Norfolk había continuado las negociaciones hasta lograr, finalmente, que la reina destronada, que ya empezaba a temer el destino que le esperaba si seguía demasiado tiempo bajo los cuidados de su prima, aceptara, con gran alegría y esperanza, la proposición del duque inglés.

Estaba realmente Norfolk en el centro de las intrigas de un grupo de personajes de la Corte —entre ellos, el siempre presente conde de Leicester— que planeaban socavar la excesiva influencia que Cecil tenía en los asuntos de su señora y que estaban convencidos de que aquel matrimonio, que daría a Norfolk la corona de Escocia, podía ser ventajoso para tal fin. No fue ésta, por tanto, la historia romántica que los hagiógrafos de María intentaron hacer ver, aquella en la que se afirmaba que aquel caballero inglés, seducido por los encantos de la trágica María y por su piadosa fe, había emprendido una cruzada caballeresca por ella y por Roma. De hecho, ya en aquel tiempo el propio Felipe II dio a entender que dudaba de las auténticas intenciones de Norfolk, pues sabemos que, cuando fue informado de esto por su embajador, bien atento a cuanto acontecía en la Corte, contestó: «Si lo que me decís de la boda de la reina de Escocia con el duque de Norfolk es cierto, ello puede ayudar a la restauración de la verdadera fe (...), pero hay que asegurarse primero de la religión del duque».

Era el duque de Norfolk hijo del conde de Surrey y su peligrosidad para la reina Isabel residía en que, aunque parecía conformarse con la corona de Escocia, siempre podría, ya que por sus venas corría la sangre de los reyes de Inglaterra, reclamar, en el futuro, su derecho a sucederle en el trono.

Norfolk, sin embargo, precisaba, para que su matrimonio fuera tenido en cuenta por los miembros del Consejo, del apoyo de un partido fuerte; y, consciente de que en el norte del país, pues allí la mayoría de los habitantes eran católicos, y, por tanto, defensores de María, podría encontrar lo que buscaba, decidió contactar con los más importantes señores de la zona, los condes de Northumberland, de Westmoreland y de Cumberland, para pedirles su apoyo y sus recursos.

Era el norte de Inglaterra el único territorio que pertenecía a la reina, a excepción de Irlanda, en el que, a causa de las exiguas comunicaciones, y el modo de vida, casi medieval, en el que vivían sus habitantes, aún no habían arraigado con fuerza los movimientos reformistas. Allí bullía el descontento, se miraba mal a aquellos que hacían profesión pública de su fe protestante y se seguían celebrando misas romanas en iglesias repletas de crucifijos y figuras de santos.

Sin embargo, todos estos movimientos, que debían llevar a la boda de Norfolk con María, se efectuaban a espaldas de la reina, pues, aunque se había dispuesto que el conde de Moray debía comunicar a Isabel que el duque de Norfolk pretendía la mano de su prima, éste, quién sabe por qué razones, había preferido no hacerlo. Las consecuencias de que Isabel se mantuviera en el desconocimiento de esta empresa iban a resultar funestas para el ambicioso noble.

Pronto, por esta cuestión, se caldearon los ánimos en Inglaterra. El 6 de septiembre de 1569 el conde de Leicester, que al principio había apoyado la candidatura de Norfolk, principalmente porque ello desesperaba a William Cecil, a quien tenía gran inquina, decidió avisar a su soberana de que, a sus espaldas, se estaban emprendiendo los preparativos que, en breve, casarían a María Estuardo con su súbdito Thomas Howard. Dicho esto, se postró de hinojos ante su soberana, le imploró el perdón, entonó numerosas veces el *mea culpa* y le aseguró que, si bien, en principio había apoyado aquel enlace, sólo lo había hecho porque creía que con éste se verían favorecidos los intereses de la Corona.

Muy poco después, el infortunado Norfolk era conducido, por designio de Isabel, a una habitación de la sombría Torre de Londres.

Pensó la reina que con aquella detención todo había terminado, pero, un mes más tarde, a mediados de octubre, se le comunicó que los miembros de las principales casas nobles de las provincias del norte se habían alzado, exitosamente, en armas contra ella.

En efecto, temerosos de lo que podría acaecer tras la detención de Norfolk, los católicos de las provincias del norte, comandados por los Condes de Northumberland y de Westmoreland, y basándose en los mismos principios que había esgrimido el eximio Tomás Moro en 1535, cuando, por mandato de Enrique VIII, había sido conducido hasta el cadalso («I die the King's good servant, but God's first»), se habían reunido en torno a los estandartes de sus nobles casas y se habían lanzado contra las ciudades y pueblos de la zona con la intención de que la reina, asustada por sus acciones, abandonara su herética confesión y tornara nuevamente a Inglaterra a los preceptos de la religión católica.

Nos, Thomas, Conde de Northumberland, —decía la más famosa de sus proclamas— *y Carlos, Conde de Westmoreland, leales vasallos de la Reina, hacemos saber a todos los de la antigua religión católica, que nosotros, con otras muchas personas bien dispuestas, tanto de la nobleza como otras, habemos prometido nuestra fe en seguridad de nuestra intención, a causa de que diversas personas desordenadas y mal dispuestas que están en derredor de la majestad de la Reina (...) desean verificar nuestra ruina y destruir de todo punto de nuestro reino la verdadera religión católica, abusando para ello del poder y de la persona de la reina, llenando de muertes y desórdenes el reino. Bien seguros de que muy pronto los mismos buscarán y procurarán la reina de toda la nobleza, nos hemos juntado para resistir con la fuerza, y principalmente, con la ayuda de Dios (...) Dios salve a la Reina.*

Cuando escuchó de los labios del enviado tan terribles noticias, Isabel se echó a temblar. Por primera vez, se sucedía una rebelión católica en su reino. ¿Qué ocurriría ahora?— se preguntaba la reina. ¿Apoyarían las naciones afines a Roma esta insurrección? ¿Preludiaba esto algo mucho más terrible? ¿Se iniciaban en Inglaterra, al modo francés, unas guerras de religión?

A sus oídos llegaban noticias confusas. Se decía que, tras vencer a lord Sussex, el gobernador de aquellas tierras, los amotinados se habían dirigido a Durham, donde todos los habitantes les habían recibido con los brazos abiertos, y que, tras tomar la Catedral, y quemar públicamente la Biblia protestante, habían hecho repicar, en el nombre de Roma, todas sus campanas.

Nerviosa, decidió la reina, secundada por sus consejeros, enviar hasta allí al Almirante lord Clinton y al conde de Warwick. Así, partieron estos, al frente de sus ejércitos, y aclamados por una multitud deseosa de victorias y venganzas, hacia aquel territorio.

No tuvieron los recién llegados grandes problemas para detener a los rebeldes del norte; ya que, en realidad, y pese a los temores que despertaron, causando con ello la crisis más grave que sucedería jamás en Inglaterra durante el reinado de Isabel I —a excepción, por supuesto, de la acaecida a raíz del episodio de la Armada española—, lo cierto es que nunca tuvieron, por su inferioridad numérica y su escaso poder de convocatoria, posibilidad alguna de hacerse con el triunfo.

Llama la atención que María Tudor haya pasado a la Historia por sus sonoras —e indiscutibles— crueldades, y que Isabel, en cambio, aún sea pintada por muchos como una reina justa y pacífica que se comportó benignamente con sus súbditos. No corresponde, desde luego, esta imagen con la realidad, pues, si atendemos a las cifras de quienes han investigado la represión durante el reinado de una y de otra, descubriremos que, sólo con los castigos que ordenó poner en marcha para aplacar la rebelión de los condes del norte, Isabel, «la reina de la paz», ya superó el número de ejecuciones que había ordenado su hermanastra en todos sus años de reinado. Un mínimo de quinientas personas, según los datos que nos han llegado, fueron pasadas por la espada, a raíz de este suceso, por orden directa de la reina.

Es cierto que muchos historiadores han intentado sacudir de sus hombros la responsabilidad de esta matanza arguyendo que estas acciones coercitivas se debieron únicamente al conde de Sussex; sin embargo, según demuestra Anne Somerset en *Elizabeth I*, las ejecuciones se llevaron a cabo con el consentimiento de Isabel, que, temerosa de lo que este episodio podría acarrear, pidió que se castigara lo más cruelmente posible a los rebeldes.

No en vano, tenía la reina bien presente la experiencia de la guerra civil francesa, y sabía cuán difícil era mantenerse en el poder cuando las fisuras ideológicas del reino se hacían profundas.

Los católicos, empero, no se rindieron. Norfolk, tras ser libertado de su encierro, urdió en compañía de un banquero italiano llamado Roberto Ridolfi un nuevo proyecto. Buscando ayuda para emprenderlo, a principios de 1571 se desplazó éste a Madrid, donde, tras algunas aventuras, logró que el rey Felipe escuchara sus planes.

Según había proyectado Ridolfi, el monarca debía atacar Inglaterra auxiliado por un grupo de señores católicos afines a la figura de María Estuardo que se alzarían en armas poco antes de que los españoles arribasen con sus barcos. Una vez vencidos los ejércitos herejes, confinarían a la reina en la Torre de Londres, y, tras esto, y con la ayuda del monarca español y del Papa, la nueva soberana de Inglaterra, María Estuardo, encauzaría de nuevo al reino por la senda que siglos atrás había trazado la Iglesia Católica.

Era este un proyecto plausible y atractivo, mas, cuando empezó a ponerse en práctica, sucedió algo que vino a desbaratar todos los planes.

Resultó que en abril de 1571 los ingleses interceptaron una carta que Ridolfi había dirigido a Norfolk (aunque su nombre no apareciera en esta, la confesión de uno de los implicados en la conspiración permitió a los ingleses conocer el destinatario) en la que el primero daba buena cuenta de las negociaciones que había emprendido con el duque de Alba para situar a María en el lugar de Isabel.

El 7 de septiembre Thomas Norfolk fue conducido, nuevamente, a la Torre de Londres. Moriría en el cadalso, degollado, el 2 de junio del siguiente año.

La historia, sin embargo, no terminó aquí, pues, entre los personajes capturados había un tal Juan Leslie, obispo de Ros, que, tras verse perdido, aseguró a los hombres de Isabel que también la prisionera María Estuardo había estado al tanto de la conspiración.

En esta ocasión, la intervención de Isabel, siempre en contra de que se derramara sangre real, salvó la cabeza de su pariente. Según parece, y pese a que era consciente de cuan peligroso podría ser el que su prima, por aquel entonces ya un símbolo de la lucha católica, siguiera con vida, se conformó con que una comisión la desposeyera oficialmente del derecho que tenía a sucederle en el trono.

VI. EL ESTABLECIMIENTO DE LA IGLESIA ANGLICANA (1559-1603)

> *¡Ojalá ninguno de esos libros cruce jamás nuestra muralla, porque fatalmente se convierten en pábulo de la herejía! Por los pecados de los hombres, el mundo pende al borde del abismo, un abismo que invoca al abismo que ya se abre en su interior.*
>
> Umberto Eco, *El nombre de la rosa*

Introducción: el marco de la Reforma

Es el siglo XVI un crisol de pensamientos y pareceres que conviven, más mal que bien, entre sí. Los generados por las ideas del medievo con los debidos a la Edad Moderna, los defendidos por la tradición católica con los surgidos tras la reforma protestante, los que caracterizaban a la Europa cerrada y constreñida en sí misma con los que retrataban el mundo inmenso y variopinto que había surgido a raíz del descubrimiento de América.

Es, sin duda, en cuanto a lo que a Isabel concierne, la principal y más importante consecuencia de los cambios teológicos y filosóficos —que van a invalidar gran parte de los argumentos que hasta la fecha habían blandido los más prestigiados e intocables representantes de la Iglesia—, la ruptura de la unidad religiosa que hasta el momento, pese a las sucesivas crisis que había padecido en la Edad Media, había caracterizado a la Iglesia europea.

Es bien sabido que fue Martín Lutero el principal responsable de esas ideas que tan extrañas resultaban a los Padres de la Iglesia Católica y que dieron lugar al movimiento reformista. Este personaje nacido en 1483 en Eisleben (Alemania), creía que sólo la fe podría salvar a los hombres del castigo eterno, y tomando tal principio como axioma, manifestaba que las obras que los humanos emprendiesen o los periodos ascéticos en los que éstos incurrieran no tendrían repercusión alguna sobre la voluntad de Dios, afirmando, en consecuencia, que eran fútiles la penitencia, la oración y las buenas acciones para alcanzar la salvación. Defendía igualmente la interpretación individual de las Escrituras y otorgaba, además, a los ritos católicos únicamente una razón simbólica, teniendo únicamente sentido en sus esquemas teológicos los sacramentos del Bautismo y de la Eucaristía. Afirmaba, finalmente, que sólo a partir de la lectura personal de los textos sagrados de la Biblia, el hombre podría alcanzar el favor de Dios.

Y aún había más, pues en el siglo XVI surgió también una alternativa, liderada por Juan Calvino, que representaba a aquellos que consideraban insuficientes las doctrinas del luteranismo y que abogaban por una variante mucho menos permisiva. Defendían éstos la primacía absoluta de Dios a la hora de juzgar la condena o la salvación de los seres humanos y la primordial importancia que jugaba la fe, entendida no como una concepción filosófica o racional, sino como algo que existía por sí misma, en el destino de todo individuo.

Para la Iglesia católica estas ideas se cimentaban en la más terrible herejía que jamás había asolado el mundo. Así, para acabar con ellas, y demostrar la valía de las doctrinas tradicionales, especialmente aquellas que se veían más cuestionadas por los dogmas protestantes, es decir, las que defendían la función que desempeñaban los eclesiásticos a la hora de interpretar y difundir los mandatos de la Biblia, las que se referían al libre albedrío de los seres humanos y las que aseguraban la necesidad de salvaguardar todos los sacramentos religiosos, se abrió, el 13 de diciembre de 1545, bajo la égida del Papa Paulo III, el histórico Concilio de Trento.

Había insistido muchas veces, sin éxito, el Emperador Carlos V en la necesidad de convocar a los principales representantes de la Iglesia para que así fuesen ellos, y no otros, quienes se encargaran de revisar sus principios, ya desgastados y confusos por el paso de los siglos; mas como sus palabras no hallaron inmediato eco, llegó la «contrarreforma» —así la denominarían siglos después los románticos del XIX— demasiado tarde, pues, al poco de concluir el Concilio, muchos de los territorios europeos, Inglaterra entre ellos, ya habían hecho suyos los principios de la fe protestante.

Isabel y la reforma anglicana

Mientras María Tudor fue reina de Inglaterra, su hermanastra Isabel no tuvo inconveniente alguno en participar, públicamente, en determinadas ceremonias de signo romano.

Y, sin embargo, al alcanzar la Corona, se comportó esta reina de modo bien distinto. Ya en el Parlamento de 1559, el primero que presenciaría como soberana de Inglaterra, afincaba la Reforma en el país y oficializaba, de nuevo, la separación con Roma.

Podría presuponerse en esta actitud una total falta de coherencia, pero, en el ideario de Isabel no era así. Tenía ella en cuenta verdades mucho más universales, y se basaba, para justificarlas, en el discurso del principio divino del poder. Creía, en consecuencia, que ella había sido designada soberana de Inglaterra porque Dios así lo había establecido; y, basándose en esta premisa, se preguntaba cuál era el cometido de las discusiones teológicas, pues en ellas sólo encontraba una continua reverberación de conceptos que habían sido creados por los mismos hombres. «Jesucristo es único —diría en una ocasión al embajador de Francia, cuando ya su reinado frisaba el crepúsculo— y sólo hay una fe, y todo lo demás son menudencias».

No por rechazar las visiones dogmáticas era la reina insensible a todo lo que sus teólogos defendían. Así, por ejemplo, no perdía ocasión para manifestar el desagrado que sentía al encontrarse en su tierra con sacerdotes casados; e incluso, en ocasiones, parecía echar de menos los fastos y ritos de la liturgia romana.

Cuando los principales obispos católicos de la Cámara de los Lores comenzaron a asistir a las sesiones del Parlamento de 1559 encontraron a su alrededor un panorama muy distinto al que habían presenciado durante el gobierno de María. Por primera vez en varios años el grupo protestante contaba allí con una nutrida representación, y si bien Isabel, que se destacaba entre todos, con vestes suntuosas y extravagantes, aún no se había terminado de decidir por una u otra religión, todo parecía indicar que la reina simpatizaba mucho más con la de los recién llegados.

Cuando finalmente se firmó el Tratado de Cateau-Cambrésis, despejándose así todas las dudas y miedos que Isabel podía tener respecto a las repercusiones que podía causar en Europa el que ella renegara de la fe católica, pudo el Consejo privado de la reina tomar una famosa resolución que permitió consolidar el cisma anglicano en el reino. Consistió esta en, basándose en excusas bien pedigüeñas, poner en arresto domiciliario, poco antes de que se votara el proyecto de ley por el que se pensaba restablecer la liturgia de 1552, a algunos de los obispos católicos. Así, de este modo, y con tan sólo tres votos de ventaja, se aprobó el proyecto que arrojaba a Inglaterra a los brazos de la Reforma.

Sin embargo, la nueva religión «anglicana» recogía, en verdad, principios del Catolicismo y del Protestantismo. Así, aunque su liturgia guardaba algunos puntos de signo romano, como, por ejemplo, el mantenimiento de las imágenes y las jerarquías eclesiásticas, de los sacramentos sólo se conservaban el Bautismo y la Eucaristía. Además, se consideraba fútil el celibato sacerdotal, se defendía el uso de la lengua inglesa durante la liturgia y se prohibía el culto a las reliquias y a las imágenes.

La reina, que no creía que los católicos le fueran a causar problemas significativos, consideró que a través de ciertas prohibiciones, algunas medidas benignas —como, por ejemplo, apartar a sus sacerdotes de sus sedes y poner en su lugar a eclesiásticos afines a la causa de la Reforma—, y una adecuada instrucción religiosa, podría afincar, paulatinamente, el protestantismo en Inglaterra.

Por lo que parece, esto no sucedió así. Así, de creer a los testimonios que nos han llegado, aquella permisividad hizo que el número de católicos rebeldes creciera alarmantemente.

Convendría, sin embargo, afrontar con cierta distancia estos textos en los que, en tono asustadizo, se advierte de este preocupante crecimiento, pues sus cifras pueden derivar de maniobras propagandísticas orquestadas por grupos luteranos contemporáneos que, a través de falsedades, intentaban avivar el miedo que generaba el catolicismo entre la población.

El caso es que, en ese clima, llegó a Londres la noticia de que el 27 de abril de 1570 el Papa Pío V había decidido condenar la herejía anglicana a través de la bula *Regnans in Excelsis*, anatematizando, en consecuencia, a la soberana inglesa, y legitimando todas las acciones que desearan emprender sus súbditos en su contra. Fue éste, sin duda, el día en el que se torció la suerte de los grupos católicos ingleses. El texto decía:

Él, que reina en lo alto, que tiene todo el poder, en la tierra y en el cielo, ha confiado el gobierno de la única y sagrada Iglesia, católica y apostólica, fuera de la cual no hay salvación, al llamado Pedro, el primero de los apóstoles, y al sucesor de Pedro, el Papa de Roma (...) Él le permite gobernar sobre todos los pueblos y reinos (...) En la obediencia que debemos (a quien la gracia de Dios ha llamado para gobernar la iglesia) debemos unir la religión Católica (...) y preservarla totalmente. El número de los impíos ha crecido tanto que no hay lugar en el mundo al cual no hayan intentado corromper con sus perversas doctrinas, y entre otros, Isabel, la pretendida reina de Inglaterra y la sirviente del crimen, ha ayudado a todos estos, que han encontrado refugio en el más pernicioso santuario. Esta mujer, ha alcanzado la corona y ha usurpado monstruosamente el lugar de la cabeza suprema de la Iglesia en toda Inglaterra, se ha hecho con la autoridad y jurisdicción que a éste pertenecía, ha reducido una vez más este reino (...) a la mísera ruina. (...) Prohibiendo con mano dura el uso de la verdadera religión, la cual después del derrocamiento de Enrique VIII (...) María (...) había restaurado (...) ella ha abrazado a los herejes y a sus errores. Ella ha cambiado el Consejo real, compuesto por los nobles de toda Inglaterra, y ha ocupado su lugar con hombres oscuros, seres heréticos; ha oprimido a los seguidores de la fe católica; ha instituido falsos predicadores y a ministros de impiedad, ha suprimido (...) los rezos, los ayunos, los sacramentos, el celibato y las santas ceremonias católicas, y ha ordenado que el contenido de libros manifiestamente heréticos sean utilizados por todo el reino (...) Ella se ha atrevido a expulsar sacerdotes, rectores de la iglesia y otros sacerdotes católicos (...) ha forzado a la mayoría a seguir sus diabólicas leyes, a abjurar de la autoridad y obediencia del Papa de Roma, y aceptarla a ella, en juramento, como a su única señora en materias temporales y espirituales; ha impuesto penas y castigos a aquellos que no estaban de acuerdo (...) ha arrojado a los prelados católicos y a clérigos en prisión donde algunos (...) han muerto miserablemente. (...) Nosotros, viendo las impiedades y los crímenes multiplicados (...) hemos intentado curarla y convertirla, pero ni siquiera ha recibido al nuncio que enviamos (...) nos vemos obligados a utilizar contra ella las armas de la justicia (...) En nombre de Él (...) que nos dio la autoridad (...) declaramos a Isabel de herejía y de favorecer a los herejes (...) La privamos de su presunto título a la corona (...) y también declaramos a los nobles, súbditos y gente del reino y todos aquellos que alguna vez le hayan prestado juramento, (...) la privamos de su falso título a la corona del reino de Inglaterra y apartamos a sus súbditos y barones de toda obediencia (...) Aquellos que actúen de otra manera serán excomulgados (...)

En principio Isabel había intentado mostrarse benigna con quienes profesaban la religión de Roma, mas, a partir de esta bula papal, decidió ratificar los «39 artículos» y perseguir a todo aquel que colaborara con los intrigantes sectores católicos de Europa.

Tiempo después, el miedo a una incursión internacional española, potenciado por los mecanismos de propaganda del estado y por las diatribas apocalípticas que los sacerdotes luteranos lanzaban violentamente desde sus púlpitos, daría lugar al «Acta para mantener a los súbditos de su Majestad la Reina en su debida obediencia», promulgada en el Parlamento de 1581, en la que se estipulaba que todo aquel que pretendiera convertir al catolicismo a cualquier súbdito de la reina de Inglaterra sería considerado culpable de alta traición y, por tanto, condenado a muerte.

Pronto se abrió otro frente de descontento en el país. La blanda reforma no satisfacía a los protestantes más fervientes, los puritanos, y, pese a que en un principio la reina se había mostrado permisiva con ellos, a partir del año 1585, decidió Isabel, segura de que sólo con la fuerza podría acallar los descontentos, aplicarles las mismas medidas coercitivas que empleaba con los católicos.

El viento del país empezó así a impregnarse del horrible olor de las hogueras y del mísero llanto de los torturados.

Se agravaría más la situación de todos, católicos y puritanos, especialmente de los primeros, cuando, en 1584, tras la muerte de Thomas Morton, el encargado de dirigir los interrogatorios de los prisioneros, entrara en escena el sanguinario Richard Topcliffe, cuyas prácticas, sádicas, crueles y terribles, pronto le dieron una triste fama en toda Europa.

Dicen muchas veces los historiadores que nunca Inglaterra vivió tanta paz y prosperidad como cuando Isabel se encargó de regir sus destinos; sin embargo, olvidan el precio que muchos tuvieron que pagar para que esto pudiera ser posible.

Fue, en verdad, una paz forzada e impuesta, nacida del lamento, del dolor y de la sangre.

Por aquel entonces, como puede observarse, quedaba ya muy poco de aquella joven Isabel que, al arribar al trono, había intentado mantener a su lado a todos sus súbditos.

VII. PROLEGÓMENOS DE LA GUERRA CON ESPAÑA: DE LA REBELIÓN DE LOS PAÍSES BAJOS A LA MUERTE DE MARÍA ESTUARDO

> *De creer a sus cronistas, los españoles guerreábamos y esclavizábamos por soberbia, codicia y fanatismo, mientras todos los demás (...) ésos saqueaban, traficaban y exterminaban en nombre de la libertad, la justicia y el progreso. En fin. Cosas veredes.*
>
> Arturo Pérez Reverte, *El oro del rey*

Eran las dos y media de la tarde del 25 de octubre de 1555. Los personajes de las casas nobles de Europa que se habían reunido aquel día en la gran sala del Palacio de Bruselas, por mandato del Emperador Carlos V, recorrían, nerviosos, las baldosas de esa enorme habitación. Fuera, en los acostumbradamente silenciosos jardines, resonaba un constante murmullo, mucho más vocinglero y ruidoso del que repercutía en las exquisitas habitaciones del Palacio. La noticia de que Carlos había convocado a tan importantes súbditos había corrido por toda la ciudad y los caminos que llevaban a esa residencia se habían llenado de gentes de toda condición que se habían trasladado hasta aquel lugar para observar la llegada de los excelsos invitados. Aquellos que se habían ubicado en las últimas filas tenían tantas cabezas ante sus ojos que se les hacía imposible seguir el tránsito de los caballeros y damas que, con sus lujosos trajes y vestes, con sus joyas, sombreros y bruñidas armas, cruzaban las puertas de esa enorme y cara construcción.

Llegó Carlos el último de todos, en compañía de su cortejo, a lomos de un pequeño mulo, vestido totalmente de negro y con la cadena del toisón de oro al cuello. No presentaba éste el mejor de sus aspectos. Su rostro, enjuto, de mejillas hundidas, mostrábale muy envejecido. Tenía la barba y las sienes nevadas y su labio inferior —tomando la descripción de Luis Coloma—, parecía «más caído que nunca».

Poco después se hacía el silencio en el Palacio. El Emperador, a la hora convenida, las tres de la tarde, cruzaba las puertas de la gran sala. A todos llamó la atención su austera vestimenta, que tanto contrastaba con los riquísimos trajes, bordados en oro, velos, coronas, colas y mantos ribeteados de los invitados. Después de las reverencias y solemnidades acostumbradas, Carlos se sentó en el sillón central, al lado de su hijo Felipe y de la regente María, y, tras situar sus lentes sobre su nariz, leyó, tambaleante y debilitado, un conmovedor discurso en el que anunció a todos los presentes que a partir de aquel momento iba a ser su hijo Felipe el detentador de los derechos y posesiones que tenía él sobre la Borgoña y los Países Bajos, pues él, que a la sazón contaba con cincuenta y cinco años, deseaba recluirse en el monasterio de Yuste para pasar en el retiro y la oración el resto de sus días.

La noticia dejó atónitos a los presentes. Nunca se había visto que un emperador renunciase voluntariamente a todas sus posesiones, coronas y dignidades.

Casi tres meses después, el 16 de enero de 1556, dio Carlos también a Felipe los territorios de Castilla y Aragón, haciendo del hasta entonces príncipe el monarca más poderoso de toda la cristiandad. A los territorios que tenía por su matrimonio con María Tudor —cuatro años después los perdería— se sumaban España, gran parte de Italia, la zona conquistada de los actuales México y Perú, y la región que más problemas le causaría a lo largo de su reinado, la de los Países Bajos.

Hasta la llegada del duque de Alba, y desde 1559, momento en el que el rey le había encargado el gobierno, había administrado aquel lugar la hermanastra del monarca, Margarita de Parma, hija natural del Emperador, viuda de Alejandro de Médicis, esposa de Ottavio Farnesio y madre de Alejandro Farnesio. William Thomas Walsh la describió con estas halagadoras palabras: «Una mujer extraordinaria, concienzuda, desinteresada, no brillante ni aguda, pero de fiar; un tanto dada a la melancolía; neurótica, como casi todos los Habsburgos, pero no exenta de voluntad y de resolución. (...) Sus manos eran fuertes y bellas, con sortijas en los dos índices; sus vestidos eran oscuros y cómodos, de mujer que trabajaba». Empero, pese a sus cualidades, y pese a los hombres que le ayudaron en el gobierno, Margarita no podría apagar los descontentos de un pueblo que, conforme pasaban los años, sentía cada vez mayor inquina por su distante soberano.

Flandes había causado permanentes preocupaciones a la Corona, ya fuera por la inamovible posición del rey Felipe, ya fuera por el advenimiento de las ideas luteranas, ya fuera por el deseo de los naturales de hacer valer sus viejos derechos. Y como persistía Felipe en sus intenciones, convinieron éstos reclamar la atención real a base de empellones, golpes y espadazos. En tal clima de descontentos y movilizaciones, se sucedieron, de la mano de los grupos calvinistas y anabaptistas, las primeras algaradas anticatólicas. Desaparecieron así, a manos de estas bandas errantes y fanáticas, todos los tesoros de las iglesias. Hicieron añicos sus órganos y sus vidrieras, abrieron, diseminando los huesos y las reliquias por los pasillos, los sepulcros de los santos, y arrojaron a las llamas las sagradas cruces y las imágenes de Cristo.

Contemplaba el rey tales desmanes con tanta indignación como congoja, y, creyendo que sólo los rigurosos escarmientos podrían detener a aquel fantasma reformista, ordenó que sus soldados castigaran esas provocaciones.

Estaba en ciernes la más extensa guerra de cuantas iban a sucederse en la Edad Moderna.

Nombró Felipe gobernador y capitán general de los Países Bajos al duque de Alba, don Fernando Álvarez de Toledo. Tenía este el puño fácil y, ante las afrentas, desenvainaba rápidamente la espada, lo cual, si bien era bueno para el combate, no lo era para la gobernación de un territorio tan revuelto como aquel. Así, lo único que consiguió con sus sangrientas acciones —propuestas, por otra parte, desde Madrid—, fue avivar aún más el resentimiento que sentían los habitantes de los Países Bajos por su rey.

A Alba sucedió Don Luis de Requesens, el cual, viendo la situación en la que su predecesor había dejado aquel territorio, tuvo que firmar en 1576 la paz de Gante. Meses después, sublevados de nuevo estos Estados, mandó hasta allí Felipe a su hermanastro Don Juan de Austria, que por aquel entonces, tras pacificar Génova, vencer a los moriscos de Granada y convertirse en el gran héroe de la batalla de Lepanto, contaba con gran fama en toda Europa. No le aguardaban en esta ocasión las mismas glorias, pues, tras haber conquistado muy poco, falleció en Namur en 1578, enfermo de tifus, totalmente abandonado, con los ejércitos sin pagar, y sin que recibiera respuesta alguna a sus urgentes peticiones de auxilios y dineros. Mayor fortuna tendría su sustituto, su amigo de la infancia Alejandro Farnesio, sobrino de Felipe II, que, con menor derramamiento de sangre que sus predecesores, logró hacerse con un buen número de plazas rebeldes.

Así estaban las cosas en los Países Bajos cuando a principios de 1585 llegó a oídos de Isabel que el duque de Guisa había consignado una alianza entre Francia y España. La reina, que al principio se había limitado a observar cuanto acaecía en aquel conflicto, pues en ningún momento había deseado formar parte de este, y que incluso durante los primeros años había intentado actuar de intermediaria entre los rebeldes y los españoles para que llegasen éstos a un acuerdo, comenzó a preguntarse, a raíz de esta noticia, que preludiaba la unión de los dos estados católicos más poderosos de Europa, si no debía, por el bien de su corona, ponerse del lado del bando holandés.

Así, por este motivo, y con muchas dudas, decidió la reina estampar su firma en el Tratado de Nonsuch. Inglaterra entraba, al fin, en una guerra abierta contra España. Isabel, para legitimar su decisión, mandó divulgar por toda Europa la siguiente declaración:

Desde tiempos inmemoriales, existe un tratado de alianza entre Inglaterra y los Países Bajos, especialmente de Flandes, Holanda y Zelanda (...) Todos los tratados de amistad que firmamos con estos territorios continuaron sin interrupción hasta que el rey de España decidió nombrar a extranjeros (...) en el gobierno de los Países Bajos, violando así las antiguas leyes, costumbre y privilegios que él y sus predecesores habían jurado (...) Los españoles, con su brutalidad y su avaricia, han violado todas las leyes, destruido el orden social, arruinado a la nobleza y al pueblo (...) Nuestra intervención únicamente busca que los pueblos se vean liberados de la opresión.

Envió Isabel a aquellos territorios al ambicioso Robert Dudley, el cual, al llegar, se vio tan colmado de atenciones que, henchido de gozo, prometió a los rebeldes que secundaría con todas sus fuerzas la lucha independista. Como era evidente la favorable disposición que presentaba el enviado, los Estados Generales de la Unión de Utrecht —las Provincias Unidas—, que temían que con el paso del tiempo este personaje se arrepintiera y concitara a la reina a hacer lo mismo, propusieron a Leicester como nuevo gobernador general del territorio. Escuchó el ofrecimiento el viejo favorito de la reina con los ojos muy abiertos, feliz por tan importante golpe de fortuna, e inmediatamente, sin que pareciera tener en cuenta que haciendo esto desobedecía gravemente a su soberana, pues Isabel le había dado órdenes expresas para que no se inmiscuyera en las cuestiones holandesas sin haber recibido antes de ella su real consentimiento, aceptó el gran honor que le ofrecían.

Cuando la reina fue informada de la indisciplina de su súbdito reaccionó poniendo a la vista de todos cuantas pataletas, gritos y lloros rabiosos pudo, espectáculo aquel que acostumbraba a brindar cuando se superaba el umbral que sus nervios, normalmente bien templados, soportaban. Sólo las insistencias de los suyos, convencidos de que la retirada de aquel cargo podría tomarse a mal por parte de las Provincias Unidas, lograron que ésta accediera a que su enviado ostentara aquel nombramiento y batallara en los Países Bajos con la bandera de Inglaterra.

Era Isabel I capaz de emprender las acciones más sorprendentes, pues mientras el que había sido años atrás su favorito conseguía territorios para los rebeldes protestantes, ella, contraviniendo lo pactado en Nonsuch, y sin avisar a sus aliados, tomaba a los españoles del brazo y entablaba negociaciones con ellos para alcanzar la paz. ¿Actuaba con ello de buena fe, pues deseaba que terminara el derramamiento de sangre en aquellos territorios, o, por el contrario, temiendo el poder español, trataba de mostrar estos gestos de buena voluntad para, en caso de caer derrotada ante los ejércitos de Felipe II, poder ampararse en ellos? Mucho se ha escrito sobre esto, pero, lo cierto es que, dado el carácter de la soberana, ningún historiador podrá adivinar jamás qué intenciones abrigaba con sus acciones.

Isabel I y Francisco de Alençon

Era obsesión de los monarcas cristianos el arreglar sus asuntos a través de matrimonios concertados. De acuerdo a este principio casaban a príncipes con princesas, a viudos con jovencitas, a viudas con jóvenes, y así, cuantas uniones pudieran establecerse que sirvieran a los intereses de sus nobles casas.

Actuó según este principio Catalina de Médicis cuando ofreció a la reina inglesa a tres de sus hijos, Carlos IX, Enrique de Anjou —el futuro Enrique III, como ya vimos— y Francisco de Alençon. Aunque al principio Isabel había rechazado a este último, advirtiendo al embajador francés, que se había encaminado hasta la Corte inglesa para dar a conocer la oferta de su señora, que las enormes diferencias de edad que había entre ella y su pretendiente hacían imposible el enlace, años después, en un contexto en el que esta unión podía ser muy útil para los intereses de Inglaterra, la reina decidió considerar la oferta.

Desde que Alejandro Farnesio arribara a los Países Bajos para sustituir al infortunado Juan de Austria en la gobernación, los españoles habían sumado tantas victorias que los rebeldes, en busca de aliados fuertes, habían ofrecido a Francisco de Alençon, a cambio de su ayuda, la Corona de los Países Bajos liberados. Cuando Francisco recibió la oferta, una sonrisa iluminó su rostro. Él no era más que un segundón desplazado por los derechos de sus hermanos mayores y esa era la mejor oportunidad que se le podía ofrecer para llegar a lo más alto. Mas para conseguir sus objetivos necesitaba a alguien que pudiera secundar su causa, alguien poderoso que le brindara sus ejércitos, y, en aquel tiempo, ¿acaso había un aliado mejor que una poderosa reina soltera?

Como a Isabel también le convenía aquel enlace, que podría conseguir para Inglaterra las posesiones españolas de la Europa septentrional, escribió a los plenipotenciarios del príncipe francés para preguntarles si su señor aún estaba interesado en las negociaciones que antaño le había propuesto.

Este planteamiento, tan político, tan frío, tan propio de esta reina, iba a acompañarse esta vez de una carga emocional insólita, pues esta vez, ante la sorpresa de todos, Isabel sí iba a enamorarse.

El 5 de enero de 1579 llegó a Londres el caballero Jean de Simier, «Master of the Wardrobe» de Alençon, con ánimo de convencer a aquella indomable reina de las inacabables virtudes de su señor: «fue tan amablemente recibido —dice Candem— por la reina en Richmond que el conde de Leicester murmuró, viéndose apartado rápidamente de la esperanza que tanto tiempo había concebido de desposarla». Entabló Isabel con él tal relación de amistad que por un momento dio la sensación de que era realmente aquel subalterno el candidato a la corona de Inglaterra: «No hay día que no lo mande llamar —dice el embajador francés—. Incluso una vez vino en barca hasta mi casa para verlo. Él ni siquiera estaba vestido, y hubo que salir a su encuentro en jubón. Ella se lo llevó después consigo. La gente, descontenta, dice que él la ha hechizado». En efecto, tanto sorprendió su comportamiento que en la corte se llegó a pensar que Isabel había quedado hechizada por los ritos mágicos y pociones que el enviado de Alençon había empleado con ella, pues no parecía haber otra explicación para los súbditos de la reina que justificara tan extraño enamoramiento. También el embajador español se hizo eco del desconcertante comportamiento de Isabel: «Desea apasionadamente la llegada del duque (...) Melancólica, repite constantemente: "Es necesario que me case"».

El 17 de agosto de 1579, al fin, pudieron verse las caras Isabel y Francisco, en lo que debería haber sido, en teoría, un encuentro secreto, pero que trascendió a la corte, como veremos, de tal modo, que al poco se convirtió en un asunto de Estado. Aunque no era precisamente este joven de veintiséis años uno de los hombres más bellos de su tiempo, pues ni era alto —más bien lo contrario—, ni gallardo, ni resultaba su rostro agraciado, pues, además de numerosas marcas de viruela, asomaba en su rostro una nariz bulbosa con una gran hendidura que le había valido el grotesco mote de «el hombre de las Dos Narices», su aspecto agradó a Isabel sobremanera, tanto, que llegó a confesar al poco de conocerle, en la compañía de ciertos diplomáticos, que encontraba a su prometido de muy buen ver y que le resultaba apetecible como esposo. Francisco, por su parte, que ya venía bien advertido del aspecto de esa reina que ya frisaba los cincuenta, acogió, interesantemente conmovido, las atenciones de su anfitriona.

Da buena muestra del interés de la reina por Alençon, el constante interés que a partir de aquel entonces tendría por su aspecto. Sus sirvientas maquillaban cuidadosamente su tez con cremas y ungüentos. Los peluqueros peinaban cuidadosamente sus cabellos, dándoles el estilo que la moda y su condición dictaban, atendiendo, además, sus cejas y pestañas. Sus sirvientas cuidaban también sus labios y el color de sus uñas. Cuando paseaba con Alençon vestía sus mejores galas y portaba sus más suntuosas joyas, y, mientras hablaban, procuraba dedicarle, siempre que la ocasión lo permitía, una resplandeciente sonrisa —aunque mucho más tímida de lo que le hubiera gustado, pues, por aquel entonces, estaba convirtiéndose Isabel en la reina desdentada que pocos años después sería.

Todo parecía indicar que, al fin, tras haber reprimido durante tanto tiempo sus sentimientos, guarecidos bajo un manto de desprecio y, tal vez, de miedos, se atrevía Isabel a liberar su corazón.

Extraña pareja, sin duda, la que paseaba entre los jardines y pasillos del Palacio como dos adolescentes presos de un primer amor. Participaba gustoso Francisco de aquella representación, siguiendo todos los tópicos a los que la caballerosidad obligaba, e Isabel, que parecía haber rejuvenecido, en todos los aspectos, se comportaba con él de tan licenciosa forma que, al poco de que arribase este a Inglaterra, todos los cortesanos eran conscientes del tipo de relación que llevaba con aquel extranjero. Cuchicheaban las camareras de la reina, cuchicheaban los señores de la corte, cuchicheaban los sacerdotes, cuchicheaban los nobles y cuchicheaba el estado llano. Y la reina no escapaba de los dardos envenenados de sus súbditos más mordaces.

La Corte, que sabía que ese enlace ponía en juego la salud del reino, se sentía descontenta ante las actitudes de la reina, pues no querían sus miembros que un católico —Alençon así lo era, por muchas simpatías que desatase entre los luteranos franceses y holandeses— ciñera algún día la corona de Inglaterra. También los sacerdotes luteranos, desde sus púlpitos, empezaban a clamar contra aquel impío matrimonio y, al poco, motivado por sus palabras, también el pueblo se ponía en contra de su reina.

Seguía Isabel, ajena a todos estos movimientos, en su mundo de ensoñaciones juveniles, y como toda enamorada insegura, se preguntaba constantemente si sus ajados encantos aún conseguían prender el interés de don Francisco. No había nada que le asustara más que el no resultarle tan bella como las demás jóvenes que rondaban la Corte, y surcaba por su mente, más veces de lo que hubiera deseado, la idea de que tal vez no podría mantener a su lado demasiado tiempo a aquel hombre. Preguntaba a sus allegados para templar sus nervios si aparentaba la edad que tenía, mostrándose feliz únicamente cuando éstos le aseguraban que aparentaba diez años menos, lo cual, decían, le acercaba en mucho al aspecto de don Francisco, pues éste, según sus aduladores cortesanos, aparentaba diez años más.

Sin embargo, pronto sucedería a Isabel una cosa que le disgustaría sobremanera. En aquel estado en el que todos los cortesanos intentaban disimular su auténtico parecer, llegó a sus manos un folleto de extenso título (*Descubrimiento del abismo sin fin en el que Inglaterra podría ser sepultada por culpa de una boda francesa si nuestro Señor no impide que esta se celebre mediante la revelación a Su Majestad del pecado y del castigo*) que circulaba por las calles de Londres en el que su autor, John Stubbs, un puritano de Norfolk que, al igual que otros tantos en Inglaterra, sentía terror ante el hecho de convertirse en súbdito de un francés católico, aseguraba, irreverente, que la madurez de la soberana inglesa hacía imposible que aquel matrimonio diera algún día descendencia al reino. Afirmaba, además, que le resultaba bien poco creíble que un príncipe joven como Alençon se sintiera atraído por una mujer mayor, y aseguraba que, en consecuencia, eran los recursos de Inglaterra lo único que buscaba con esa boda aquél francés aprovechado.

Se encontró entonces la reina cara a cara con la auténtica opinión de los suyos y sintió que penetraba la desesperación hasta lo más profundo de su alma. Los sufrimientos inflamaron aún más su crueldad y, tras acusar a Stubbs de fomentar la rebelión en su tierra a través de proclamas que atentaban contra su honor y contra la estabilidad de la Corona, ordenó, entre las airadas protestas de sus súbditos, que se le arrestara y que se le cortase la cabeza por haberse atrevido a poner en duda su autoridad. Fueron tantas las críticas que esta sentencia desató entre su pueblo que Isabel, obligada a conmutar la pena, tuvo que conformarse con que «únicamente» se le seccionase la mano derecha.

Cuentan los cronistas que John Stubbs, después de que el día 3 de noviembre se ejecutara la sentencia en la plaza del mercado de Westminster, alzó su sombrero con su única mano, cuando de su muñeca aún manaba la sangre y los verdugos hacían cuanto podían para que aquello cauterizase, y exclamó: «¡Dios salve a la reina!». Dicho esto, se desvaneció, ante la mirada de un pueblo sorprendido por el coraje de aquel hombre que se había atrevido a decir en voz alta lo que todos murmuraban entre sí.

Aunque Isabel esperaba que con aquella sentencia se cerraran las incómodas bocas de sus súbditos, consiguió exactamente el efecto contrario. Para mayor desgracia, el siempre presente Leicester, tal vez dolido por el hecho de que su reina hubiera aceptado al fin a alguien en su corazón, le deparó también algunas sorpresas. Parece ser que el otrora favorito pretendió atentar, en dos ocasiones, contra la vida de Simier, y que éste, en venganza, reveló a la reina un secreto, ciertamente extendido entre los miembros de la Corte, pero aún desconocido para Isabel, que vino a espolear espectacularmente la indignación de la soberana. Resultaba que Leicester no había informado a su soberana, tal y como correspondía a un súbdito tan cercano a Su Majestad, de que se había desposado con una dama llamada Lettice Knollys, viuda del conde Walter de Essex; así que, cuando Simier avisó de ello a la reina, ésta se enfadó de tal guisa, que, según aseguran los cronistas, bien poco faltó para que el viejo favorito diese con sus huesos en la Torre de Londres.

¿Cómo se explica esta reacción si, en teoría, andaba ya la reina feliz con su nuevo prometido? ¿Aparecieron, tal vez, los celos, tantos años después de sus primeros encuentros? Nadie sabe lo que pudo pasar por la impenetrable mente de la reina de Inglaterra, ni tampoco, en verdad, la auténtica naturaleza de la relación que en aquellos momentos mantenía con Robert Dudley. De lo único que podemos estar seguros es de que, a partir de aquella fecha, Isabel se mostró mucho más distante y fría con el que en otros tiempos había sido su favorito.

Isabel no permaneció demasiado tiempo en aquel estado de inconsciencias, alegrías, angustias y sentimientos contrapuestos, pues era esta ante todo pragmática, y, si bien podía inflamar su amor cuando lo estimaba útil, igualmente sabía apartarse de él cuando podía perturbarle. Contribuyó a su decisión final la penosa situación en la que poco a poco fue hundiéndose su prometido, pues, si bien el 19 de septiembre de 1580 firmó éste en Tours un tratado que le coronaba como nuevo soberano de los Países Bajos rebeldes —auspiciado por el mismo Guillermo de Orange, que le dio tal nombramiento temeroso de que los peligrosos avances de Alejandro Farnesio acercaran a Felipe II a la victoria—, después de que el rey Enrique III, más interesado en otros asuntos, decidiera alejarse definitivamente de él, Alençon se convirtió en un soberano sin ejércitos y sin esperanzas de victoria.

En verdad, por muy contundente que se mostrase ante todos, por muy fría y segura que pretendiera parecer, ni siquiera Isabel era inmune a las armas de la murmuración que constantemente se blandían contra Alençon. Se presentaron tan vivamente a la reina los peligros de aquel enlace, se pintó tan desolador el panorama que se esperaba tras esa unión, que, a finales de 1581, la soberana decidió comunicar a su prometido que a partir de entonces ya no dispondría de los recursos de Inglaterra en la conquista de los Países Bajos. Dijo además, noticia que, sin duda, debió dejar atónito a Alençon, que sólo se casaría con él una vez que aquellos territorios que pretendía liberar, y no sólo los rebeldes, le reconocieran finalmente como rey. Dadas las nefastas circunstancias en las que se encontraba el francés, solo, sin apoyos y sin visos de que su estado mejorase, aquello era como decirle que jamás se convertiría en su esposa. Desde entonces el desventurado prometido se limitó a vagar de batalla en batalla, como alma moribunda, por los Países Bajos, observando como todos los ojos se cerraban ante su mísero estado. Falleció el 10 de junio de 1584, enfermo de tuberculosis.

Cuando Isabel recibió la noticia de que su prometido había muerto, no pudo evitar que de sus ojos saltaran las lágrimas, tal y como testimonia el embajador francés: «La Reina, sigue llorando y lamentándose, diciéndome que es una mujer viuda que ha perdido a su marido, comentándome lo mucho que significaba para ella mi Señor, y de cómo guardara siempre su recuerdo, aunque ellos no hubieran vivido nunca juntos». Mas no escapó al embajador que en tan exagerada actitud había un comportamiento que no era del todo sincero, pues no dejó de advertir que Isabel era, no obstante, «una princesa que sabía muy bien como comportarse y transformarse de acuerdo a las circunstancias».

Con esa muerte se apagaban también los fuegos que habían ardido en el pecho de la reina. Y así, arrancado el velo de su juvenil pasión, apareció en sus ojos una mirada envejecida y cansada.

En verdad es este un episodio bien extraño, y cabe preguntarse por la causa del ciego apasionamiento de Isabel, pues ¿acaso era tan ardiente la presencia de Alençon o tan irresistible su cuidada galantería como para que a su vista palpitara de tal forma el corazón de la reina? Como ya hemos dicho, no era este un caballero demasiado atractivo, y tampoco puede decirse que su inteligencia y sus experiencias fueran tan abrumadoras como para conquistar a una mujer que ya había conocido a algunos de los nobles más interesantes y bellos de Europa.

Hay algunos investigadores que, basándose en tesis de carácter psicológico, intentan explicar este hervor juvenil a partir de la posible insatisfacción personal, e incluso sexual, de la reina inglesa. Efectivamente, con cuarenta y seis años, de hacer caso a la versión que ella misma defendió, no había conocido nunca amor alguno y es posible que, tal vez, nadie le hubiera revelado aún los secretos del sexo. Había estado sometida durante toda su vida a las presiones de un mundo en el que una reina no tenía otra función que la de engendrar hijos; y es posible, por tanto, que, sintiéndose atrapada por la soledad, y sabiendo que con cada día que pasaba se iban evaporando sus esperanzas de ser madre, decidiera aprovechar la última oportunidad que se le ofrecía para representar el papel que, por su sexo, época y condición, le había correspondido interpretar.

Los contemporáneos se burlaron de sus actitudes y algunos historiadores enfocan estas acciones con cierto tono jocoso e incluso burlesco, pero ¿acaso no es un placer hallar, a estas alturas de su vida, aunque sea por tan poco tiempo, una Isabel humana, que siente y que sueña, joven, de nuevo?

Babington y la sentencia de muerte de María Estuardo

Llegaba a los oídos de Isabel, día sí, día también, el rumor de que los católicos planeaban liberar a su prisionera María. Huelga decir que esto ponía muy nerviosa a la reina de Inglaterra, pues ésta, como hemos dicho tantas veces, cada vez era más consciente de lo peligroso que resultaba para ella el que su prima mantuviese intactos los derechos que tenía sobre su trono.

María, mientras tanto, convaleciente en su fría prisión, una fortaleza bañada por las brumas y espoleada por el viento, seguía confiando en sus partidarios, que, en claro contraste con la pasividad que carcomía su existencia, se movían aceradamente para lograr su liberación, inconscientes de que con cada plan que urdían, con cada paso que daban, acercaban a su protegida, en realidad, un metro más hasta el cadalso.

Hacia 1577 volvió a las suyas el Papa Gregorio XIII, y proyectó casar a la prisionera con don Juan de Austria, el hijo ilegítimo del Emperador Carlos, que, de acuerdo al plan, debía capitanear las huestes que los católicos iban a enviar contra Inglaterra. Si todo esto salía bien, una vez que fueran vencidas las tropas de Isabel, sería María reina de aquel lugar y don Juan su esposo, y ambos gobernarían aquella tierra con la primera misión de tornar a sus habitantes a la fe de la Santa Iglesia católica.

Era éste un plan tan fantasioso como difícil, pues no sólo no estaba convencido el rey Felipe de la viabilidad del mismo, sino que, además, María Estuardo, recordemos, aún estaba casada con el huido Bothwell.

Empero, esto último pronto dejó de ser un problema.

Tras despedirse de su esposa en Carberry, el depuesto rey consorte de Escocia había tratado de reunir, nuevamente, y con la intención de recuperar su corona, un ejército de fieles seguidores. El destino que le esperaba, sin embargo, iba a ser muy diferente al que había imaginado, pues, aquel mismo año, tras arribar al estrecho de Karmoi, en la costa de Noruega, sería capturado por los hombres del soberano del país y confinado en una celda. La estancia en las lóbregas prisiones del norte en las que desde entonces iba a vivir, las lastimeras desdichas que habría de sufrir y las confesiones que los verdugos le arrancaron a hierro candente, acabaron trastocando su orgullosa cabeza. En abril de 1578, tras once años de encierro, falleció, totalmente enloquecido.

Nadie hubiera podido pensar que aquel despojo humano que había chillado hasta el final en su celda, entumecido y harapiento, era el mismo hombre, bello, galante y autoritario que años atrás había conseguido seducir a una bella reina.

¿Debía Felipe, ahora que Bothwell había desaparecido, levantar las picas que tenía en los Países Bajos y destinarlas a Inglaterra o, por el contrario, debía desistir del proyecto y concentrarse en las guerras que ya tenía abiertas?

No tuvo que plantearse el rey esta pregunta durante mucho tiempo, pues unos pocos meses después, el 1 de octubre de 1578, murió también don Juan de Austria.

Fueron tantos los miedos que las siguientes conspiraciones desataron en el Parlamento inglés que sus miembros promulgaron en 1585 un estatuto por el que se dictaba que en el caso de que se descubriera, independientemente de que la reina de Escocia tuviera o no conocimiento de ello, un complot destinado a destronar a la legítima soberana inglesa, se ordenaría la ejecución de María Estuardo.

Pronto, a raíz de los sucesos que conformaron «la conspiración Babington» podría ponerse en práctica tal resolución.

El proyecto de estos conspiradores era éste: tratábase de contactar con María Estuardo para informarle del plan que habían proyectado, y dar muerte, si la prisionera estaba de acuerdo con ello, a la reina Isabel. Así, con el país huérfano de rey, podrían los nobles católicos alzarse, ayudados por el siempre presente Felipe II, y situar así, a través de un golpe de estado, a María en el trono inglés.

Era Anthony Babington el hombre que debía restablecer las comunicaciones con María, pues, a raíz de las intentonas conspirativas que se habían ido sucediendo en los últimos años, Isabel había decidido aislar a su prisionera de todo contacto con el mundo exterior.

Era, pues, una tarea bien difícil la que se le encargaba y, sin embargo, pronto quedó resuelta, pues, poco después, cuando ya se habían trazado las principales líneas del plan, conocieron los conjurados a un diácono de Staffordshire llamado Gilbert Gifford que les aseguró que había hallado un modo de contactar, sin que los hombres de Isabel lo advirtieran, con María Estuardo. Tras oír esto, los católicos decidieron darle algunas cartas, con la intención de probar si sus palabras eran ciertas o no. Cuando, pocas semanas después, volvió Gifford con la respuesta, rubricada, efectivamente por la reina de los escoceses, los conjuradores, que no podían creer aquel golpe de fortuna, decidieron poner en marcha todos los engranajes de su temerario plan.

Pero aquel Gifford aún les guardaba algunas sorpresas, pues, al poco, se entrevistó con Francis Walsingham, el secretario de Estado de Isabel I —no se sabe si el diácono ya estaba confabulado con él desde el principio o si tomó la decisión de traicionar a sus aliados después—, y le avisó de todo lo que se urdía. Así, sirviéndose de tan valiosa información, organizó el de Isabel su red de espías con el fin de enterarse de todo lo que los enemigos de la reina estaban preparando. Desde entonces, no hubo carta escrita por María o por los conjurados que antes de llegar a su destino no pasara por sus manos.

No cabe duda de que tan pronto como María recibió la primera carta de Gifford debió sentir en su cuerpo los efectos que produce toda emoción inesperada, y que debió leerla precipitadamente, casi entrecortadamente, dejando que la alegría fuera inundando su alma con cada palabra. Siguiose ésta comunicando con los conspiradores durante las semanas siguientes, feliz por haber burlado, aunque fuera tan someramente, aquel largo encierro, hasta que, finalmente, llegó a sus manos la carta en la que Babington le explicaba todo aquello que los suyos habían urdido para liberarla.

Imaginamos que la reina destronada consideró por algunos momentos la inmoralidad del acto que se le estaba planteando —pues Babington no olvidó comentarle que, para que el plan llegase a buen fin, uno de los suyos debía acabar con la vida de Isabel—, mas, si esto fue así, rápidamente desechó cualquier remordimiento, pues, al poco de recibir esa carta, y dándole a entender que aprobaría todas las acciones que emprendiesen los suyos para liberarla, le escribió: «Habéis de considerar punto por punto cuántos hombres, tanto de a pie como de a caballo podéis conseguir (...) qué ciudades, puertos y ensenadas tenéis asegurados (...) qué número de fuerzas extranjeras pediréis (...) Una vez preparado todo esto y listas las fuerzas, tanto de dentro como de fuera del reino, habrá que poner a los seis gentileshombres a la labor y dar ordenes para que, una vez que se haya ejecutado su designio, yo pueda salir inmediatamente de aquí».

Esta fue la carta que María Estuardo entregó a su contacto para que, a su vez, éste se la enviara a Gifford. No cuesta demasiado imaginar la sonrisa que se dibujó en los rostros de los partidarios de la reina inglesa cuando, una vez descifrados los códigos que los conjurados utilizaban, leyeron el contenido de la misma. Al fin habían conseguido la prueba que les permitiría llevar a María Estuardo hasta el cadalso.

De hecho, ya con la carta en la que Babington informaba a la prisionera de todas las conjuras que habían preparado para liberarla, había tenido el Secretario de Estado el testimonio que precisaba para enviar a la reina de los escoceses hasta el cadalso, mas éste, no conformándose con ello, había exigido, esperando, con maquiavélica conciencia, la reacción de María, que aquella carta fuera entregada a su destinataria.

Muchos historiadores han puesto en duda la auténtica autoría de estas líneas, pues, debe decirse, es merecedora de atención la imprudencia con la que María respondió a Babington. ¿Fueron sus palabras manipuladas, o, por el contrario, tal y como certificaron sus secretarios, había realmente consentido María Estuardo el asesinato de su prima? Seguiremos para responder tales preguntas los trabajos de Michel Duchein, que viene a concluir en *María Estuardo: la mujer y el mito* que las tesis que defienden la falsedad de esas líneas no se sostienen en argumentos congruentes. Resulta bastante plausible, sin duda, que María, que había acudido de buena fe a Isabel tras salir de Escocia, estuviera dispuesta a lo que fuera, incluso al asesinato, para recuperar su libertad. Además, había llegado a sus oídos por aquellas fechas la información de que su hijo Jacobo había sellado en Berwick un tratado de alianza con la reina Isabel en el que no había contemplado en ningún momento la liberación de su madre. De este modo, la romántica imagen que había abrigado los sueños de María Estuardo durante sus días de prisión, aquélla que le había permitido creer que su hijo, rodeado de un grupo de maliciosos y envidiosos nobles, esperaba desde su castillo de Edimburgo una oportunidad para liberarla, se había roto en mil pedazos.

Lo cierto es que la reina de los escoceses no tenía motivo alguno para imaginar que su hijo, que había sido educado entre maestros férreamente protestantes —que, por otra parte, ya se habían cuidado de mostrarle una imagen bien oscura de su madre y de manifestarle los peligros que correría Escocia si ésta regresaba—, pudiera sentir afecto por ella o por su religión.

El 11 de agosto, engañada por su carcelero Paulet, que aprovechó su ausencia para registrar los papeles de su chancillería, María se dirigió, con el corazón ligero y gozoso, hasta el castillo de Tixall. Iba a ser la última mañana de felicidad que iba a vivir en su azarosa existencia. Cabalgando a lomos de su caballo, contemplando la belleza de un entorno colmado de valles y verdes paisajes, la reina de los escoceses pudo experimentar durante un breve lapso de tiempo la emoción del sentirse, al fin, libre.

Mientras se aproximaba a su destino pudo comprobar la destronada que un grupo de hombres a caballo distinguidos con trajes de soldado cortaban repentinamente el paso a su comitiva. María se sintió entonces eclipsada por la emoción. Creyó, durante unos embriagadores instantes, que Babington había triunfado y que esos individuos iban, al fin, a rescatarla de su encierro. Se acercó entonces hasta ella el jefe de los jinetes, Sir Tomás Gorges, que le dijo: «Madame, la reina, mi señora, encuentra muy extraño que vos, contrariando el pacto y el compromiso realizado entre vuestras mercedes, hayáis osado conspirar contra ella y contra su Estado, hecho que jamás habría la reina creído de no haber visto con sus propios ojos las pruebas y comprobado su exactitud». Protestó la reina el comentario, manifiestamente dolida, asegurando su fidelidad y su amistad a la reina Isabel, y entonces el jinete, en respuesta, ordenó que marcharan con ella sus secretarios, pues, decía, ellos también habían participado en la conjura.

Todos los sueños en los que María se había mecido en las últimas semanas se desvanecieron así en un instante.

Una semana antes, el 4 de agosto, habían apresado los de Isabel, en el bosque de Saint John, al actor principal de la trama, Anthony Babington. Viendo que se hallaba perdido, tuvo que confesar a sus captores que, en verdad, era culpable, y que, en efecto, María Estuardo había estado al tanto de esa conspiración, pues él le había informado de todos los pasos de la misma. Corroborarían este testimonio los dos secretarios de la reina, Nau y Carlu, tras observar, con los ojos grandes y espantados y con el aliento de los torturadores a sus espaldas, cómo Walsingham les mostraba algunas de las cartas —eran realmente las copias que el Secretario había ordenado hacer— que Babington y María se habían enviado y que ellos creían haber destruido cuidadosamente. Con ello, los hombres de Walsingham ya contaban con indicios suficientes para asegurar públicamente la culpabilidad de María Estuardo en la trama conspirativa. Era el momento de poner a disposición del tribunal el estatuto que el Parlamento había promulgado en 1585.

Enseguida se escucharon por toda Europa las palabras escandalizadas de los católicos, ¿cómo era posible —decían— que un grupo de nobles sin sangre real se atreviera a juzgar a quien una vez había sido reina de Escocia? Y alborotados por semejante incongruencia se preguntaban a continuación cuál era la auténtica traición que había cometido María Estuardo cuando ésta jamás había prestado juramento de vasallaje a la reina de Inglaterra. Y aún se formulaban otra cuestión, pues, ¿acaso tenía Isabel derecho a juzgar a una mujer que no había nacido en Inglaterra y que no era súbdita suya?

En verdad, sólo una ley que hubiera sido promulgada estrictamente para tal ocasión, que se amparara únicamente en el derecho a defenderse de la reina Isabel, podía salvar los enormes vacíos legales a los que se enfrentaban los defensores de la soberana inglesa.

María tuvo que escuchar, una por una, todas las faltas que los ingleses le imputaban. Dicen los testigos que, sin embargo, lejos de sentirse acobardada, supo enfrentarse a sus acusadores, pese a no contar con defensor alguno y pese a desconocer las pruebas que los hombres de Isabel contaban en su contra, con sorprendente entereza.

Tampoco dejó indiferente a nadie la fuerza con la que María se aferró durante el proceso a sus convicciones religiosas; no en vano, era éste el único alimento que le había sostenido durante sus años de calvario. Por eso afrontó todos sus tormentos con la tranquilidad de un mártir que se siente tocado por Dios. Pronto estuvo convencida de que era esa la auténtica hermenéutica de su dolor.

El tribunal, efectivamente, la condenó a muerte.

Consignó Isabel varias veces los papeles de la ejecución, y, ante el desespero y el hastío de los suyos, otras tantas los revocó. Temía que esa muerte causara alborotos en una y otra parte, y que estos fueran aprovechados por las naciones enemigas para emprender ataques contra Inglaterra. Estuvo largas noches meditando, aquejada de insomnio, preguntándose que sucedería después de esa muerte, hasta que, al final, el 1 de febrero, en Greenwich, tras muchos titubeos, decidió llamar a su Secretario Davison para que le trajera la orden de ejecución. Así hizo éste y, mientras la reina se la devolvía, firmada, le dijo: «Mostradla de paso a Walsingham, y cuidad que la pena no le mate cuando la lea».

Tras algunas conversaciones, los de Isabel, ya con la orden en la mano, decidieron que la reina de los escoceses fuera ejecutada el 8 de febrero en la gran sala del piso bajo del castillo de Fotheringay.

Media Londres se dirigió aquel día a aquel lugar. Caballeros emplumados, damas vestidas con telas de vivos colores y hombres y mujeres del tercer estamento se agolpaban entre los muros del castillo. El pueblo, curioso y bullanguero, se arremolinaba en las calles cercanas. Un continuo vocerío reverberaba en todos sus rincones. Todos esperaban que arribase la mujer que una vez había sido reina de Escocia.

A las ocho en punto de la mañana, vestida de negro y acompañada de cuatro sirvientas y de dos damas, entró María Estuardo en la sala. A su llegada todas las murmuraciones cesaron. Enseguida comprobaron los presentes que su rostro, aunque ya no era bello, aún conservaba su orgulloso semblante. Se acercó hasta ella el deán y le rogó que rezara junto a él de acuerdo al rito protestante, pero ésta, tras empalidecer de horror por aquella proposición, le dijo, airada, que como católica había vivido y que, por tanto, sólo como católica podía morir. Tras dedicar sus oraciones a su hijo Jacobo y a su prima Isabel se dirigió María a los verdugos y, tal y como ordenaba la costumbre, les eximió de toda condena: «Os perdono de todo corazón, y ahora sólo deseo que pongáis fin a todos mis problemas». Entonces sus criadas le despojaron de su negra vestimenta, dejando así a la vista de todos el corpiño escarlata que había escogido la escocesa para tan incomparable ocasión. Tras ello, una de sus sirvientas le entregó un par de guantes del mismo color —con el que daba a entender María que su condena no obedecía a otra cuestión que a la de vivir como católica en aquel mundo de herejes, pues era el rojo el símbolo del martirio en la Iglesia romana—. Luego, veló sus ojos con un pañuelo blanco bordado de oro, y, privada de vista, se arrodilló y empezó a buscar, a tientas, el tajo en el que debía situar su cabeza. Finalmente, se encomendó a Dios y aguardó a que se ejecutara la sentencia.

Cayó entonces, cruel, el hacha del verdugo.

Pretendió luego el ejecutor asir su cabeza para mostrarla ante el público, mas, al intentar alcanzarla, ésta de repente cayó al suelo y comenzó a rodar por el patíbulo. La multitud enmudeció de asombro al ver los canos y cortos cabellos de María, hasta el momento ocultos bajo la peluca color ocre que, tras desprenderse de la testa de su dueña, sostenía ahora el verdugo entre los dedos. Ante ellos tenían el rostro de una anciana. Los tormentos, las enfermedades y la enorme tristeza, habían envejecido a la reina de tal modo que parecía imposible que ese aspecto fuera el de una mujer de tan sólo cuarenta y cuatro años.

«¡Dios salve a la Reina!», dijo entonces el verdugo, interrumpiendo los pensamientos de todos. «¡Que así perezcan todos sus enemigos!», respondió el deán Fletcher.

María había interpretado su papel con indomable valor. Así murió. Convertida en el símbolo de todo aquello que la mayoría del pueblo inglés odiaba. A los ojos de muchos de sus contemporáneos su proceso no había sido más que una representación simbólica de un juicio mucho más extenso en el que había sido el catolicismo el auténtico condenado. Ya en el discurso de apertura del proceso había dicho el canciller Bromley: «La reina de Escocia es la esperanza de todos los idólatras. Debe morir, al igual que Absalón murió para salvar a Israel (...) El Papa y sus seguidores, los jesuitas, como las olas del mar, nunca descansan, renuevan intento tras intento para derribar a nuestra soberana amada y a la Iglesia de Dios».

Cinco horas después de que terminara la ejecución, un jinete salió a galope del castillo de Fotheringay y se dirigió hasta la Corte con la orden, emanada de los hombres de la reina, de informar a la soberana de que, al fin, se había consumado la sentencia.

Desconocía Isabel que esa mañana iba a ejecutarse a María Estuardo. Los miembros del consejo, seguramente aburridos de las continuas vacilaciones con las que su soberana había abordado tan dificultoso tema, habían convenido no decirle nada hasta que la orden se hubiera ejecutado.

Cuando escuchó de los labios del mensajero que María Estuardo, al fin, había fallecido, la impertérrita Isabel, según atestiguan los *Annales* de Camden, perdió los nervios: «Su semblante se alteró, su voz se quebró, y repentinamente le invadió una profunda tristeza, dando rienda suelta a su dolor, vistiéndose de luto y derramando profusas lágrimas». En los días subsiguientes perdió el apetito, sufrió insomnio y se aquejó de variopintas e inexplicables indisposiciones. Y aún más, sorprendentemente, en un acto de inexplicable teatralidad, y ante el pasmo de los miembros de la Corte, ordenó, como si de repente decidiera alzar su espada vengadora para castigar a los que habían provocado la muerte de su prima, que se enviara a prisión a William Davison por haber dispuesto la ejecución. Al final, tras muchas pláticas, se convino que este podría salir de allí si pagaba una multa de veinte mil marcos por su falta. Y aún tuvo suerte este pobre súbdito, pues Isabel exigió desde un principio, con enorme insistencia, que se castigara su culpa con la muerte. Sólo cambió de parecer cuando el jurista lord Buckhurst le convenció de lo improcedente e inadecuado que sería que sus hombres procedieran con aquella orden.

Obviamente, sus actitudes desataron las murmuraciones de todos sus súbditos, ¿cómo podía ser posible que reaccionara Isabel así cuando había sido ella la que había firmado la orden de ejecución?

Ya en su tiempo muchos pensaron que la reina se limitaba a interpretar con esos lloros el papel de hermana justa que siempre había representado con María Estuardo. Y, en verdad, da la sensación de que así fue. Davison, que no habría podido ordenar nunca la ejecución de no haber tenido en sus manos el sello real que le acreditaba para ello, sería, por tanto, una víctima más de las estrategias de la reina inglesa, y cuesta creer, si tenemos en cuenta el carácter reflexivo de la reina, que ésta hubiera estampado su sello, tal y como se esforzó en demostrar ante sus súbditos, en un momento de distracción.

Numerosos historiadores han pretendido desentrañar el porqué de las complejas actitudes de Isabel. Primaremos nosotros las ventajas prácticas que este comportamiento reportaba a la reina, pues, conociendo su carácter, nos parece ésta la explicación más plausible de cuantas se han dado. Así, es bien probable que únicamente mostrase esos insistentes sollozos para eximirse de toda responsabilidad ante los ojos acusadores de Europa.

En verdad, parecía que sufría más por los modos en los que la muerte se había dispuesto que por la propia ejecución. Por supuesto, le habría hecho mayor bien el haber asesinado a María en su celda para poder anunciar así al mundo, sin temor a las represalias que se pudieran tomar contra ella, que la que había sido reina de Escocia, enferma desde hacía varios años, había fallecido en su prisión por causas naturales.

Parecerá que damos especial importancia a esta cuestión, y se nos puede acusar de dar muchas cosas por sabidas, pues bien, se nos entenderá mejor cuando digamos que conservamos papeles que demuestran que, poco después de firmar la orden de ejecución, Isabel pidió que una persona de su confianza asesinara discretamente a su prima.

A principios de febrero de ese año la reina inglesa llamó a su secretario de Estado y le pidió que contactase con Sir Amias Paulet para decirle que era el momento de hacer «lo que aún no se había hecho». Sin embargo, el asunto le salió mal a Isabel, pues el carcelero, no quiso obedecer la orden de su soberana. En la carta que escribió para dar a entender cuanta repulsa sentía ante la misión que se le intentaba comandar —que tomamos del *Letter-books of Sir Amias Paulet*— diría:

> *Hoy a las cinco de la tarde recibí vuestra carta de ayer, y, como veis, inmediatamente os respondo. Os transmito mi respuesta con toda la aflicción que me supone el haber vivido el desgraciado día en el que mi reina me requiere para realizar un acto prohibido por Dios y por la ley. Mis bienes, mi destino, y mi vida, están a disposición de Vuestra Majestad, y estoy dispuesto a dejarlos mañana mismo si así se me pide, pues reconozco que sólo a su gracia y favor los debo, y no deseo gozarlos si no es con el beneplácito de Su Alteza. Pero no quiera Dios que mi conciencia se hunda en tan deshonroso naufragio, ni legue tan gran mancha en mi pobre posteridad, como la de derramar sangre sin mandato legal y sin un acto público. Sólo espero que la indulgencia de Vuestra Majestad sepa tomar en buen sentido mi fiel respuesta.*

Cuando Isabel leyó esta inesperada respuesta exclamó: «¡Cuánto me cansan estos servidores delicados y escrupulosos, que todo prometen, y luego no cumplen nada, echando a una la carga a la espalda!».

De haber querido Amias Paulet ejecutar esta orden, la huella que hubiera dejado María Estuardo en la Historia hubiera sido, posiblemente, mucho menos profunda.

VIII. ENTRA EN ESCENA LA INVENCIBLE

Venga contra nosotros el mundo entero en armas y destruirlo habremos.
Ningún poder humano logrará en nuestra tierra humillarnos, si es fiel a sí misma Inglaterra.

WILLIAM SHAKESPEARE, *El Rey Juan*

La noticia, susurrada en principio, se proclamaba ahora a gritos por toda Europa: el rey Felipe había decidido, después de muchas cavilaciones, enviar a sus ejércitos contra Inglaterra para arrebatar a Isabel, por derecho de conquista, su corona. Ardía éste en deseos de lanzar el ataque que tiempo atrás había planeado don Álvaro de Bazán, marqués de Santa Cruz, y se complacía en asegurar a todos su victoria, pues Dios, decía, deseaba ver castigada a la cruel hereje que osaba cuestionar su Iglesia. Contaba también con el apoyo del nuevo Papa, Sixto V, que había sucedido a Gregorio XIII en 1585 y que tenía, al igual que él, la convicción de que Inglaterra tenía que volver, al precio que fuese, al mundo católico.

Amén de las circunstancias religiosas y políticas, es decir, las acciones de Leicester en los Países Bajos y los deseos católicos de situar el cetro de Isabel en las manos de María Estuardo, tuvo mucho que ver en tal conflicto la perenne necesidad de oro y plata de los estados modernos. Durante el medievo, y también en la antigüedad, había sido el Mediterráneo el más importante de los centros económicos. Había sido el mar de la riqueza y la opulencia, y desde allí los comerciantes habían traído algunos de los productos más exóticos y atractivos que jamás se habían visto en Europa.

Cuando América fue descubierta, tomó el Atlántico el relevo al agotado Mediterráneo, abriéndose así muchas más posibilidades a los incipientes deseos capitalistas de los europeos. Fue entonces cuando Inglaterra entrevió la posibilidad de aprovecharse del tráfico mercantil que llegaba del otro lado del océano. Aunque a los ingleses se les había vedado la conquista del nuevo continente —el Papa Alejandro VI había dado a España y Portugal, a través de la Bula de 1493 y del Tratado de Tordesillas del siguiente año, todos los derechos que había en la conquista de las «Indias»— Isabel urdió un modo para aprovecharse de todas las maravillas y riquezas que portaban los barcos españoles. Consistía éste en cobijar bajo su manto, a cambio de una parte de los beneficios, a todos los corsarios ávidos de aventuras que desearan arrebatar los tesoros que los españoles traían del Nuevo Mundo.

Poco después de que Isabel escribiera al insigne John Hawkins, el Tesorero y Administrador de la Armada, y le ordenara preparar una flota fuerte y resistente que sustituyera a la que décadas atrás había mandado construir su padre, Francis Drake, el célebre marino inglés, siguiendo las órdenes de su reina, arribaba a las colonias hispanas, se hacía con los barcos y las riquezas que llegaban de las Indias y atacaba la ciudad de Cádiz.

Sintió entonces Felipe que los ingleses le estaban tirando de las barbas y, recogiendo el desafiante guante con el que Isabel había golpeado sus mejillas, decidió que era aquél el momento de enviar sus naves contra Inglaterra.

Aunque había pensado el rey Felipe en distintas ocasiones que debía relegar de aquella empresa a don Álvaro de Bazán, el marqués de Santa Cruz, fueron finalmente las circunstancias las que le obligaron a tomar esa decisión. El 9 de febrero de 1588 fallecía don Álvaro, y el rey, forzado por la situación, decidía nombrar como capitán de la Armada al hombre que, según su parecer, debía ser su natural sustituto, don Alonso Pérez de Guzmán el Bueno y Sotomayor, el Duque de Medina Sidonia,

Sin embargo, el nuevo capitán —que no por haber estado al tanto de los preparativos y conocer bien la evolución de la empresa, tenía que ser, como creía el rey, el hombre más adecuado para comandarla—, jamás se había caracterizado por sus capacidades marinas, sino, más bien, como pronto manifestaría a su soberano, todo lo contrario. Consciente de sus carencias, intentó Medina Sidonia, advertir a Felipe de cuán inadecuada era aquella elección. El 16 de febrero de 1588 envió al secretario Idiáquez una significativa carta —que tal vez nunca llegó a tiempo a su destino, pues, cuesta creer, visto su contenido, que el rey, de haberla leído, no la hubiera tenido en cuenta— en la que el noble avisaba al rey de sus problemas en la mar:

Señor, yo no me hallo con salud para embarcarme, porque tengo experiencia de lo poco que he navegado en la mar, que me mareo, porque tengo muchas reumas... Juntamente con esto, ni por mi conciencia ni obligación puedo encargarme de este servicio, porque siendo una máquina tan grande y empresa tan importante, no es justo que la acepte quien no tiene ninguna experiencia de mar ni de guerra, porque no lo he visto ni tratado. Así, Señor, por lo que es el servicio de Su Majestad y amor que yo tengo a él, represento esto a vuestra merced para que se lo diga, y que no me hallo con sujeto ni con fuerzas ni salud para esta jornada, ni con hacienda.

Llegó el mes de mayo y comenzaron a prepararse, entre la alborotada y ruidosa animación de tan colosal acontecimiento, los inmensos barcos, con sus flámulas, gallardetes, banderas, velas y estandartes, que tenían que partir hacia Inglaterra desde el puerto de Lisboa. Todo era movimiento, agitación, ruido; soldados, aventureros, clérigos y marineros deambulaban la ciudad, nerviosos e impacientes, esperando el día de la partida; las naves se cargaban de armas y de víveres; los guardias reales custodiaban el puerto para prevenir sabotajes y robos; los funcionarios repasaban las listas de marinos y guerreros.

El 20 de mayo, cuando al fin todo estuvo dispuesto, ante el numerosísimo público que se había arremolinado en los muelles para observar el impresionante y colorido espectáculo que a sus ojos se ofrecía, zarparon las ciento treinta naos y las doce galeras que conformaban la Armada «Invencible». El rey, convencido del éxito, había movilizado para aquella empresa, la más extraordinaria que podría haber acometido monarca alguno en aquel tiempo, a diecinueve mil soldados y a ocho mil marinos.

Sin embargo, el viaje ya empezó con malos augurios, pues, apenas surgieron los barcos del puerto, se desencadenó una tempestuosa y pertinaz tormenta que causó graves desperfectos en las naves, obligando a su capitán a fondear la Armada en La Coruña para reparar los daños.

Encontrábase el de Medina Sidonia cada vez más inseguro respecto a la empresa, y ya allí, mientras los suyos se afanaban en arreglar sus barcos, empezaba a mostrar abiertamente sus dudas, como testimonia una carta que por aquel entonces escribió al rey preguntándole si tal vez no sería mejor anularlo todo: «Ir a cosas tan grandes con fuerzas iguales —diría— no convendría, cuanto más siendo inferiores como hoy lo están, y la gente no tan práctica como convendría, ni los oficiales...»

Entretanto, en Inglaterra, la noticia de que España había mandado, al fin, sus naves había corrido como la pólvora, y muchos de sus habitantes, dudosos de sus posibilidades ante los españoles, habían empezado a temer lo peor.

Ciertamente, vistos los indisciplinados y mal armados ejércitos de Isabel, que difícilmente habrían podido resistir ante los experimentados soldados españoles —debemos advertir, antes de continuar, que somos conscientes de que no es este el mejor término para designar a los hombres que batallaban por «España», pues, en verdad, era por aquel entonces este ejército una mezcolanza de mercenarios de muy diferentes orígenes que vendían sus servicios al mejor postor—, tenían suficientes motivos para ello. Así, además de no tener suficiente instrucción o de andar escasos de armas, de tal modo que algunos únicamente podían contar para la batalla con los enseres que ellos mismos tenían en sus casas, ni siquiera conocían bien la orografía de sus regiones costeras. Es posible, por tanto, que, de haber tenido éxito la primera fase del plan del rey Felipe, es decir, si se hubieran encontrado en un mismo punto la Armada y el ejército de Flandes, los españoles no hubieran hallado serias resistencias en su viaje hacia Londres. Pero para que esto pudiera suceder tenían que alcanzar los hombres que integraban la flota la ciudad de Margate, y, además, el duque de Parma, a la cabeza de los ejércitos de Flandes, debía armar

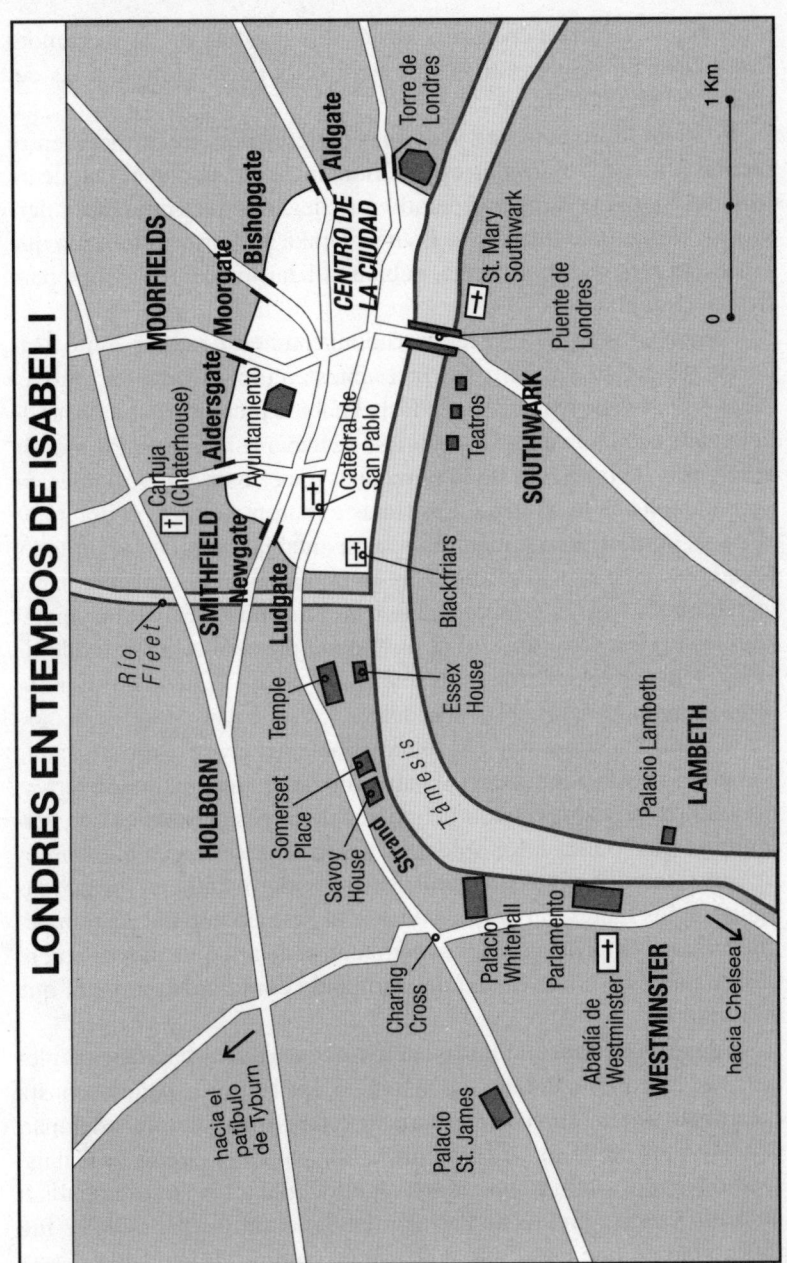

a los suyos y sortear todos los obstáculos que hallara en su camino hasta alcanzar el lugar en el que sus tropas debían unirse a las del duque de Medina Sidonia.

El 30 de julio divisaron los vigías ingleses por vez primera, entre nieblas y lluvias, la impresionante flota que comandaba el Duque de Medina Sidonia. Habían esperado que llegara aquel momento, nerviosos, desde que, días atrás, Francis Drake asegurara a la reina que esa era la ruta que, por fuerza, debían utilizar los del rey Felipe para llegar hasta ella.

También los vigías de Medina Sidonia pudieron avistar, junto a las costas de Inglaterra, entre las incesantes columnas de humo provenientes de los fuegos que los de Isabel habían prendido para avisar de la llegada española a los marinos que se habían situado en Plymouth, las figuras de las naves de la reina que, imperiosas y desafiantes, se acercaban hasta la Armada. Las flotas trabaron contacto el día 31, y, al poco, comenzaron a maniobrar para entablar batalla. De un lado, pesadas y prestas para el abordaje, se presentaban las naves españolas; del otro, ligeras y favorecidas por el diseño de Hawkins, aparecían las inglesas. Se disparó al instante la primera salva, a modo de aviso, y, pronto, siguieron otras muchas. Y el aire se llenó de silbidos, rojas llamaradas y terribles alaridos.

Al poco, fue consciente Medina Sidonia del grave error que había cometido su soberano, pues, al haber preparado una incursión terrestre y no naval, había optado Felipe por fletar pesadas naves que permitieran transportar a los soldados y a los enseres antes que barcos ligeros y maniobrables que pudieran presentar batalla en las gélidas aguas de los mares del norte. Además, el hermetismo del plan impedía al duque improvisar nuevas estrategias, de allí que, aún a sabiendas de que éste no se estaba desarrollando como debía, tuviera que continuarlo.

Siguieron en esta circunstancia los ataques de los capitanes ingleses, que fueron hundiendo, poco a poco, los barcos españoles, hasta que, finalmente, y sin haber asegurado, fatal error, el dominio del mar, se vieron los de Felipe II obligados a fondear en el puerto de Calais. Desembarcados allí, preguntó Medina Sidonia a los suyos si habían arribado ya los ejércitos de Parma y, ante su manifiesta desdicha, fue informado de que estos aún andaban en camino. Impacientaba esta tardanza al duque, que ya se veía a merced de los barcos enemigos. Y no le faltaba razón, pues en la noche del 7 de agosto los ingleses, que no querían dejar en calma a los españoles, prepararon sus brulotes, cargándolos con materiales inflamables, y los lanzaron contra los barcos de Medina Sidonia. Y entonces, los marineros españoles, sintiéndose atrapados, ante aquellos barcos que iluminaban las aguas con su flamígera carga, cortaron los cabos y abandonaron, en desordenada procesión, el puerto de Calais.

Quedaron así los barcos españoles bien dispersos; y cuando, días después, el duque de Medina Sidonia consiguió reunirlos de nuevo, descubrió que ya le era imposible marchar en busca de los ejércitos del duque de Parma. Pensó entonces el duque qué podía hacer y, tras muchas cábalas, decidió lanzar a los suyos contra las naves inglesas.

El encuentro se sucedió en Gravelines, donde los marinos vivieron una de las más grandes —y confusas— batallas que jamás había acontecido en mar alguno. Retumbaba sobre las aguas el ruido atronador de los cañones, intermitentes fogonazos iluminaban el cielo, y, cuando estos alcanzaban su objetivo, lenguas de fuego ascendían por el aire y, entre astillas, pólvora, maderas, armas y horribles gritos, saltaban los cuerpos destrozados de los marinos. Algunas veces las naves, tras quedar a flor de agua, eran tragadas por el océano, otras, recibían graves daños que sus ocupantes se esforzaban en reparar.

Nueve horas después, el duque de Medina Sidonia se había convertido en el capitán de una flota muerta. Ante sus ojos veía los restos de la batalla: barcos marchando en desordenada procesión, fuego, humo y cascos repletos de cadáveres. Ni siquiera sus capitanes se avenían a seguir sus órdenes —decidió el duque ahorcar a uno de ellos, a don Cristóbal de Ávila, el más remiso de todos, para demostrarles que aún tenía poder sobre ellos—. Sólo cuando vio que ya todo estaba perdido, ordenó, sumido en la tristeza, la retirada.

Al poco de que terminase aquel sangriento combate, fueron los ingleses conscientes de que habían conseguido ganar la guerra. Ocho días después de esta victoria la reina Isabel se desplazó al campamento de Tilbury para arengar a sus tropas. Allí, rodeada de diecisiete mil de sus hombres, sobre su caballo, vestida con un corselete de plata y un penacho de plumas de color blanco, con los cabellos rojos y el rostro pintado, profirió un discurso que hubiera resultado, sin duda, mucho más épico, de haberse pronunciado unos días antes:

Amado pueblo, se nos ha persuadido que tengamos prudencia al exponernos ante multitudes armadas, por miedo a alguna traición. Pero os aseguro que no me interesa vivir si con ello he de mirar con desconfianza a mi amado pueblo fiel. Que teman los tiranos. Me he comportado siempre en forma tal que, después de Dios, he puesto mi fuerza y salvaguardia en los corazones leales y en la buena voluntad de mis súbditos. Heme aquí, pues, entre vosotros, como podéis observar, en este momento, no para mi recreo y ocio, sino resuelta, entre el fragor de la lucha, a vivir o a morir entre vosotros, y a entregar por Dios, por mi reino y por mi pueblo, mi honor y mi sangre hasta la tumba. Sé que mi cuerpo es el de una débil y delicada mujer, mas tengo el corazón y el estómago de un rey, de un rey de Inglaterra, y desprecio intensamente la idea de que Parma, o España, o cualquier otro príncipe de Europa se atreva a invadir las fronteras de mi reino. De ser necesario, antes que sufrir vergüenza y deshonor, yo misma tomaré las armas. Seré vuestro general y vuestro juez. Recompensará cada una de vuestras acciones gloriosas, pues sé que vuestra intrepidez merece recompensas y coronas. Y os prometo, por mi fe de reina, que las tendréis.

Tras pronunciar esto, muchos de sus hombres, de hacer caso al cronista, cayeron de hinojos sobre el barro, llorando por la emoción, eclipsados por esa figura vestida de blanco que, sobre su caballo, alzaba su voz.

La imagen, muestra del más valiente y conmovedor patriotismo, fue, para los ingleses, una manifestación de lo alto que había llegado Inglaterra durante el reinado de Isabel. No en vano, hoy en día, este episodio aún sigue evocándose con orgullo entre el pueblo inglés.

Bien diferente es el recuerdo de aquellos días para los españoles. Permanece esta fecha en su memoria como aquella que preludió la decadencia de su vasto y riquísimo Imperio, pues, efectivamente, hasta entonces todo había sido prosperidad y crecimiento, y si bien el acontecimiento no fue, en verdad, tan traumático para los contemporáneos, como siglos más tarde se dijo, no hay duda de que, en palabras del historiador Manuel Fernández Álvarez, este suceso fue el más grave de la historia del país, y, «acaso, el más destacado de todo el Quinientos europeo».

Se consideró durante largo tiempo que la culpa del ominoso fracaso tenía nombre y apellidos, siendo estos los del duque de Medina Sidonia, que había llevado al desastre una empresa que otros habrían conseguido culminar con éxito. Y, sin embargo, la Historia fue injusta con este caballero, pues, según sabemos hoy, más que por la inhabilidad o la inexperiencia de su capitán, la Armada fue derrotada, como demuestra el estudio de los pecios hundidos, si bien hay que tener en cuenta también el hermetismo del plan que debieron seguir los marinos de la Armada, por la indiscutible superioridad ofensiva de los barcos de Isabel I.

Se considera la de Lepanto, aún reciente por entonces, pues había sucedido en 1571, la última batalla medieval; pues bien, el sistema de ataque de las naves de Felipe II se movía de acuerdo a los principios que se habían empleado en la guerra contra el turco, mientras que el de los barcos ingleses ya estaba insertado en los tiempos modernos. Baste decir, para comprender todo esto, que mientras los cañones de los barcos españoles no tenían ni siquiera capacidad de recarga, los de los ingleses podían disparar entre cuatrocientas y quinientas andanadas. Residía, pues, toda la fuerza del sistema español en la destreza de los soldados españoles, que, una vez que sujetaban la nave enemiga con los ganchos de abordaje, saltaban con sus espadas hasta cubierta para combatir cuerpo a cuerpo contra sus soldados; táctica ésta que igualmente utilizaban los piratas para hacerse con los tesoros de los barcos atacados, pero que no resultaba de utilidad alguna a los ingleses, que, prefiriendo luchar en la distancia y con el único objetivo de hundir la flota enemiga, ni siquiera portaban tropas de asalto en los barcos.

Para muchos de los marinos supervivientes aún no había terminado la aventura. Algunos arribaron a Escocia, otros a Holanda, otros a Irlanda, y todos, en todas partes, sufrieron graves penurias. Sólo unos pocos, tras largas travesías, sin apenas provisiones, ni agua, consiguieron, el 23 de septiembre, alcanzar, a bordo de los restos de la maltrecha y enmudecida flota a la que los ingleses, a raíz de un panfleto redactado por Lord Burghley que llevaba por título *Copia de una carta enviada desde Inglaterra a Bernardino de Mendoza*, dedicarían el mordaz apelativo de «Invencible», el puerto de Santander.

Era Don Felipe uno de los monarcas más devotos de la cristiandad, y de ello da buena cuenta su reacción ante el desastre. Al ser notificado del fracaso de la Armada, dio gracias a Dios de que no todo se hubiera destruido y escribió: «encomendando a nuestro Señor muy de veras, todas mis acciones, para que su Divina Majestad las enderece y encamine a lo que más fuere servicio suyo, exaltación de su Iglesia, bien y conservación de la Cristiandad, que es lo que yo pretendo». En definitiva, Dios así lo había decidido, y no era él quien para desbaratar sus planes.

Antes de este suceso se había visto en Inglaterra lo español siempre con horror, y de ello da buena cuenta la propaganda que se había divulgado para satanizar a los católicos. Así, recordando los tiempos de María Tudor, se hablaba constantemente de la sangre que Felipe II y la Inquisición derramarían en Inglaterra si conseguían su objetivo. Por esto llama la atención la perspectiva, bien antitética, con la que fue percibida España a partir de la derrota. A modo de ejemplo, pueden servirnos ciertos textos literarios posteriores al desastre (*The Comical Historie of Alphonsus, King of Aragon* —1599—, de Robert Greene*; The Unfortunate Traveller* —1594—, de Thomas Nashe, *Lusts Dominion* —¿1599?—, de Christopher Marlowe) en los que encontramos una negativa reconversión del prototipo de personaje hispánico: ahora éste pasa a ser un simple anti-héroe que simboliza lo negativo y que resulta vulnerable y vencible por las propias amoralidades que le caracterizan.

Aunque fue éste un duro golpe para España, aún era el reino de Felipe lo suficientemente poderoso como para que el increíble proyecto que propondría el monarca poco después, es decir, el de construir una segunda flota, diera resultados inmediatos. Como bien afirma J.H. Elliot, ya en la década de 1590 la potencia naval española superaba a la que se había alcanzado durante el episodio de la Armada. No en vano, Tomaso Campanella, el insigne filósofo italiano, autor de la célebre *La ciudad del Sol*, aún escribiría en el año 1598 en su *Monarchia di Spagna* (aquí hallamos aquello de que en los dominios del rey Felipe «el sol ni se levantaba ni se ponía») que

España, la nación más poderosa de cuantas había, tenía el derecho, por arbitrio del mismo Dios, de hacer valer su espada en el mundo.

Empero, y pese a las palabras de Campanella, pocas glorias aguardan a esta España que entra en decadencia con el nuevo siglo, a la que sólo le queda el consuelo de servir de alimento a los grandes poetas y escritores que vivirán el luengo «siglo de Oro» español.

El episodio de la Armada insufló nuevos ánimos en la moral de los ingleses. Así, consciente de cuantas victorias podría conseguir la fuerza naval erigida por John Hawkins, envió Isabel a sus barcos y a sus ejércitos, en diferentes incursiones, hasta los territorios españoles. Obviaremos todas ellas para centrarnos en la que en la primavera de 1589 llevó a veinte mil hombres, comandados por Norris y por el cada vez más laureado Drake, a La Coruña y a Lisboa con la misión de rendir las tropas que el rey Felipe había situado allí y establecer así en el trono de Portugal a don Antonio de Crato, hijo ilegítimo del infante Luis y aspirante destronado de la corona portuguesa.

La crisis sucesoria que se había abierto en el reino de Portugal en 1580 a la muerte sin descendencia del anciano cardenal Enrique I, durante la que los dos posibles herederos, uno, don Antonio, prior de Crato, y el otro, Felipe II, descendiente por línea materna de don Manuel I el Afortunado, habían pugnado por hacerse con el trono, había finalizado con la victoria en Alcántara de los ejércitos del monarca español. Ello había permitido que don Felipe, vencidas las fuerzas de su adversario, fuera proclamado el 16 de abril de 1581, tras las Cortes de Tomar, Rey de Portugal. A las inmensas posesiones heredadas de Carlos V se sumaban todas aquellas que en los últimos siglos, igualmente abundantes, habían conseguido los reyes lusos.

Don Antonio, que siempre pensó que algún día se haría con el trono de Portugal, contactó, tras su derrota ante los ejércitos del rey Felipe, con la soberana Isabel en busca de apoyos militares. Aunque en esa ocasión rechazó la reina su propuesta, años después, terminado el episodio de la Armada, y mucho más segura de sus fuerzas, decidió Isabel, buscando arrebatar a su enemigo sus posesiones portuguesas, firmar un tratado de alianza con el exiliado luso.

Sin embargo, aunque la incursión se inició con éxito, pues, al poco de poner el pie en La Coruña, el 25 de abril de 1589, ya habían logrado los ingleses dejar sobre el campo de batalla los cuerpos de doscientos enemigos, no terminó esta primera misión de los modos que don Antonio había esperado, pues durante la incursión contrajeron los soldados ingleses una dolencia que les obligó a regresar a sus naves y que les llevó, enfermos, hasta Portugal. Días después, comandados por Norris y por don Antonio, desembarcaron en Peniche, y, desde allí, partieron hasta Lisboa, donde se encontraron con los ejércitos, prestos para la batalla, del cardenal don Alberto.

Aunque al principio éste personaje cedió posiciones ante sus enemigos, consiguió, pasado algún tiempo, gracias a las malas condiciones en las que se encontraban los ingleses y a la hostilidad con la que los habitantes habían acogido a sus ejércitos, que los de don Antonio se vieran obligados a regresar, sin haber conseguido nada, nuevamente hasta Inglaterra.

Solamente una cuarta parte de los soldados de la expedición regresaron indemnes a suelo inglés. Muchos de ellos, además, cayeron en desgracia al poco de regresar, viéndose obligados, en consecuencia, y demostrando así cuán imprecisa y cambiante era la suerte para los hombres de su oficio, a mendigar en las calles y a asaltar los territorios de su propia soberana para sobrevivir.

Aún sucedió durante estas fechas algo más, pues, en su afán por derrotar a los españoles, Isabel se alió, en un desconocido y sombrío episodio, y con el fin de situar, nuevamente, a don Antonio en el trono portugués, con el mismísimo Xerif de Marruecos. Considera el historiador Manuel Fernández Álvarez en *Felipe II y su tiempo* que tal vez el desconocimiento del tema se deba al secretismo con el que se llevaron las negociaciones, ya que, sin duda, habría sido una deshonra para Inglaterra el que se supiera que una reina cristiana había entrado en pactos con el temido enemigo musulmán. No en vano, esta alianza permaneció en el más oscuro de los secretos hasta que en 1918 se publicó la obra *Sources inedites pour l'Historie de Maroc* del conde Castries.

Ninguna de las incursiones de Isabel I en territorio español conseguiría situar a don Antonio en el trono de Portugal. El hijo ilegítimo del infante Luis I pasaría el resto de su vida vagando de lugar en lugar intentando reunir, sin éxito, las fuerzas que precisaba para destronar a su enemigo español. Moriría en 1595.

Tampoco tuvo suerte la reina en las acciones que emprendió en las Indias Occidentales, pues ni las incursiones de piratería que sus soldados llevaron a cabo en la zona durante la primera mitad de la década de 1590, ni la pretenciosa ocupación de América central, puesta en marcha en verano de 1595, arrojaron resultado positivo alguno para Inglaterra.

En esta última empresa murieron los incombustibles Hawkins y Drake, los héroes —por aquel entonces, caídos en desgracia—, del episodio de la *Armada*. Aceptaron comandar esta misión para recuperar sus maltrechas fortunas, y, en su lugar, sólo hallaron miserias y padecimientos.

De este modo, tras estos fracasos que equilibraban la balanza, la partida que durante todas estas décadas habían jugado el rey español y la reina inglesa terminaba finalmente, en cuanto a resultados materiales obtenidos, en tablas.

La guerra franco-española, la intervención inglesa y la segunda Armada «invencible»

También pudieron sentirse en Francia los ecos del desastre de la *Invencible*. Tras la muerte de Alençon, dos hombres podían suceder a Enrique III, uno, Carlos, el cardenal de Borbón, que contaba con los apoyos de Felipe II y de la Liga Santa del duque Enrique de Guisa, el otro, el protestante Enrique de Navarra, hijo de Antonio de Borbón y de la reina de Navarra, Juana de Albret, y esposo de «la reina Margot», Margarita Valois.

Estuvo a bien Enrique III con los españoles y con los católicos mientras fue posible la victoria de la Armada (no en vano, permitió que Medina Sidonia se sirviera del puerto de Calais), pues, de haberse sucedido ésta, Felipe II se habría asegurado la supremacía en Europa, y, en tales circunstancias, no convenía que el español estuviera a malas con él, pero, una vez que fue confirmado el desastre de los barcos de la Invencible, el soberano francés cambió su comportamiento. Al poco, mandaba asesinar a Enrique de Guisa, sellaba una alianza con el protestante Enrique de Navarra y se preparaba para reconquistar París.

Tanta era la repulsa que aquel monarca causaba entre los católicos que algunos de ellos estaban dispuestos a cometer cuantos perjurios fuesen necesarios para arrancarle la corona. El 1 de agosto de 1588 un monje dominico llamado Jacques Clément se presentó en la residencia de Enrique III asegurando que tenía una información de vital importancia para él. Así, con esta excusa, se acercó al rey, y cuando éste se reclinó para escucharle, le hundió un puñal en el bajo vientre. Horas más tarde, el monarca, agonizante, entregaba la corona a su aliado Borbón, Enrique de Navarra.

No escapó esto al rey Felipe II, que ya soñaba con situar en el trono francés a su hija, la infanta Clara, pues era ésta nieta del soberano Enrique II, así que pidió a Alejandro Farnesio, que a la sazón combatía exitosamente en los Países Bajos, que se dirigiera a París para apoyar con sus ejércitos la candidatura de la infanta.

También en Inglaterra, aunque por cuestiones muy distintas, fue visto el cambio con buenos ojos, pues, aunque seguía siendo el catolicismo la religión oficial del Estado, el que un reformista ocupara el trono del reino tradicionalmente enemigo podía hacer pensar a la corte de la soberana inglesa, y con razón, que a partir de entonces las relaciones con Francia iban a ser mucho más fructíferas. Isabel incluso envió al continente para apoyar la causa del recién coronado cuatro mil hombres y cuarenta y cinco mil libras; y, de hecho, fueron sus ayudas tan importantes que es posible que sin ellas Enrique nunca hubiera podido arrebatar a la Liga Católica la importantísima victoria de Arques.

Mas el conflicto siguió vivo algunos años más, y cuando a principios de 1590 la reina fue informada de que la dureza de la guerra había acabado ya con tres mil de sus soldados, comenzó a preguntarse si acaso no había sido un error el aliarse con el monarca francés. Para colmo, tampoco parecía que el préstamo que le había efectuado —al doce por ciento de interés, pues no estaba dispuesta la reina a derrochar su fortuna por causas idealistas— pudiera serle devuelto con la celeridad que ella hubiera deseado. Por todo esto, y ante la cada vez más difícil situación del monarca, Isabel ordenó a sus hombres que regresaran a Inglaterra. En la batalla de Ivry, el 14 de marzo de 1590, en la que Enrique IV tuvo que enfrentarse a unas fuerzas católicas que doblaban en número a las suyas, ya no combatían los ejércitos de la reina.

En enero de 1591, después de que los suyos sufrieran una serie de derrotas, Enrique IV mandó un correo a Londres para solicitar, nuevamente, los apoyos de Inglaterra. Aunque en esta ocasión Isabel I impuso algunas exigencias que obligaban al rey francés a tratar ventajosamente a los soldados ingleses, no pudo evitar que, nuevamente, en el cerco de Ruán, un enclave católico básico para la Liga, muchos de sus hombres perecieran a manos del enemigo. Una vez más, horrorizada por la sangre de sus soldados muertos, comenzó a preguntarse si había tomado una decisión acertada.

Enrique IV, un protestante que vivía en un país que, a fin de cuentas, aún era mayoritariamente católico, no conseguía que sus súbditos le ofrecieran el respeto y la obediencia que por su condición le debían. Consciente de esta realidad, y cada vez más convencido de que mientras siguiera profesando esa religión no lograría solucionar las disensiones internas, tomó el francés una decisión que pronto le valió aquella famosa sentencia, emanada de los grupos protestantes y calvinistas, que, maliciosamente, decía: «París bien vale una misa». Así, el 23 de julio de 1593, creyendo que ello le permitiría afianzarse en el trono de Francia, renunció a su fe y se convirtió al catolicismo. Pocos meses más tarde, el 27 de febrero de 1594, era coronado rey en la catedral de Chartres.

De este modo, libre ya de toda herejía, y con la idea de ratificar esta conversión, envió a sus emisarios a Roma para que dialogaran, a su favor, con el Papa. Tuvieron éstos éxito y, al fin, el 17 de septiembre del siguiente año, para gran alegría del francés, pues ello legitimaba definitivamente su posición, le otorgó Clemente VII la absolución.

Isabel, al ser informada de esta conversión, montó en cólera. ¿Cómo podía aquel hombre —se preguntaba, olvidando que ella había hecho lo mismo durante el reinado de María Tudor— renunciar a sus creencias de esta forma? ¿Cómo el poder podía imponerse a los sentimientos religiosos de una persona? Inflamada por la rabia, escribió una carta a Enrique IV: «Querido hermano, si es que puedo llamaros así. Cuando ante mis ojos veo el horrible espectáculo de quien está a punto de ahogarse, me inclino, por naturaleza, a buscar algún remedio que olvide semejante desgracia (...) Veo el abismo, y tiemblo al ver que os hundís en un mar donde no podréis fijar el ancla».

Poco después, en un tono mucho más doliente, le diría:

¡Cuántos dolores y penas! ¡Cuántos gemidos sentí en mi alma cuando Morlains me dio estas noticias! ¡Dios! ¿Es posible que ningún respeto mundano borre el terror con que nos está amenazando el temor divino? ¿Podéis creer que quien tantas veces os permitió seguir, gracias a Su mano, os permita caminar hacia el mayor peligro? Me prometéis toda amistad y fidelidad, y confieso que la merezco, siempre que no cambiéis de padre, pues de otro modo yo sería vuestra hermana bastarda.

Sin embargo, resulta difícil creer que estas palabras fueran sinceras, pues, como hemos dicho en reiteradas ocasiones, la reina nunca se caracterizó por sus convicciones religiosas. Así, es posible que, simplemente, se sirviera de esas líneas para expresar el temor que sentía ante la idea de que los dos estados católicos más poderosos de Europa se unieran, bajo el bastón del Papa, contra ella.

Por muy herida que se sintiese, no acabó Isabel con la relación que le unía a Enrique, pues, obviamente, las cuestiones mundanas le interesaban más, y como los dos tenían los mismos enemigos, en el fondo, poco importaba la confesión que cada uno mostrase.

En cierta forma, igual actitud mantuvo el religioso Felipe II, pues, pese a las acciones del rey galo, siguió teniendo muy presentes las aspiraciones dinásticas que su familia tenía en Francia. Poco después, en enero de 1595, agotadas las vías diplomáticas, y después de que el rey Felipe se negara a renunciar a los derechos sucesorios de la infanta Clara, Enrique IV tomó la decisión de declarar la guerra a España.

Como veía Isabel que el francés precisaba de sus apoyos para vencer a tan poderoso enemigo, informó a Enrique que solamente mandaría sus ejércitos hasta su reino si le cedía, a cambio, la ciudad de Calais. El rey, que ni por un instante pensó en complacer este deseo, respondió diciéndole que nunca podría entregar, ni a ella ni a ningún otro, un emplazamiento que tanto significaba para Francia. «Prefiero ser despojado por mis enemigos —cuentan que dijo el rey al ser informado de la propuesta de la inglesa— que por mis amigos».

Fue ésta una de las apuestas más arriesgadas del rey Enrique, pues, al poco de rechazar la oferta de la inglesa, la ciudad fue tomada, junto a Amiens, por los ejércitos del conde de Fuentes.

La reina empalideció de horror al ser informada de este suceso, pues sus enemigos iban a contar, a partir de entonces, con un puerto al norte de Francia que podrían utilizar en una posible guerra contra Inglaterra. Como pintaban mal las cosas, llamó la soberana a los suyos y les ordenó que enviaran sus barcos hasta Cádiz, pues allí, según aseguraban sus espías, estaba preparando el rey Felipe, con el fin de resarcirse del episodio de la *Invencible*, una nueva Armada que, en breve, enviaría contra Inglaterra.

Para anunciar la empresa que iban a llevar a cabo sus hombres, pidió Isabel que se difundiera por todas las ciudades la siguiente plegaria:

Dios Todopoderoso, guía del Universo. Tú, que conoces cómo es el fondo del corazón y el alma de los hombres, a quien ninguna acción humana es desconocida, sabes que ningún odio, ni tampoco ningún deseo de venganza o de riqueza, nos ha llevado a preparar esta expedición. Sólo la necesidad de defendernos de aquellos que buscan nuestra ruina y nuestro desastre. Por eso, de rodillas, te suplicamos, a Ti, que inspiras nuestras acciones, que guardes esta empresa, la guíes con vientos favorables y le otorgues la victoria para gloria de tu nombre y de tu reino.

El 20 de junio de 1596, a las diez de la noche, fondeó la espectacular armada inglesa, compuesta por ciento cuarenta y ocho barcos, seis mil marinos y seis mil soldados, en la inmensa bahía verde y azul del puerto de Cádiz.

Resulta, sin duda, irónico que allí se hallara, a la sazón, encargándose de la defensa del enclave, el duque de Medina Sidonia, que, con este episodio, lejos de limpiar las afrentas que había percibido ocho años atrás, aún empañaría más su título y su nombre.

Desembarcaron los ingleses, sin encontrar demasiadas resistencias, y tomaron, con sorprendente celeridad, la ciudad y su castillo. Robaron todo lo que encontraron de valor, y, tras ello, desencadenaron un fuego vivo e incontrolable que se propagó rápidamente por toda la ciudad. Los barcos del puerto, entre lenguas de fuego que alcanzaban el cielo, fueron consumidos por las llamas; de la catedral, hermosísima, sólo quedaron cenizas; y las casas y los edificios más representativos de Cádiz, igualmente, quedaron devastados.

Empero, las tropas de lord Essex, el director de esa operación, no se atrevieron a establecer en aquel lugar, como les había pedido la reina, una plaza inglesa que permitiera futuras incursiones en los territorios españoles. Así, cuando regresó la expedición, Isabel, que más que las glorias, buscaba recuperar su maltrecha economía, no olvidó comentar a sus capitanes que, pese a ser consciente de que «habían hecho frente al enemigo en sus propias puertas» con éxito, estaba muy descontenta con los resultados de su actuación. Ni siquiera el botín que había conseguido lograba sufragar los gastos que había desembolsado para acometer la empresa.

Aún sería mayor su consternación cuando descubriera que la flota que los suyos habían destruido en Cádiz no era la que Felipe II iba a dirigir contra Inglaterra. El rey español, previendo una acción de este tipo, había decidido armarla en Lisboa.

Resulta irónico que sí pueda aplicarse a la segunda Armada española, y no a la primera, aquella conocida frase que se asocia a Felipe II que dice «yo no mandé a mis naves luchar contra los elementos». Como la que ocho años atrás había enviado el rey, había maravillado a todos los que la habían visto; y, como la anterior, había supuesto un extraordinario gasto para la Corona que, cómo no, pronto habría de repercutir en las economías de sus sacrificados súbditos.

Partió la Armada del puerto de Lisboa, tan imponente y tan espectacular como la anterior, el 13 de octubre de 1596, al mando del almirante don Martín de Padilla. Empero, y pese a las esperanzas que había depositado en ella el envejecido y enfermo Felipe II, al poco de abandonar la ciudad se desató un huracán que golpeó con terrible violencia los ciento treinta y seis barcos que la formaban. Sus diez mil hombres, arremolinados en los cascos de aquellas naves, quedaron así a merced de los elementos. Cuando, después de varias jornadas de terrible tempestad, amainó al fin el temporal, vio don Martín de Padilla las naves en tan lastimero estado que, sabiendo que en esas condiciones nunca jamás podría terminar con éxito la misión que se le había encomendado, ordenó que la expedición regresara a España.

Un año después, y también al mando de Martín de Padilla, saldría una tercera expedición. Una vez más, sería ésta derrotada por las tormentas.

Fue por aquel entonces cuando, en su desesperación, Francia ofreció a Inglaterra, a cambio de su ayuda, la ciudad de Calais. «Habiendo reconocido el rey que la soberana de Inglaterra desea la ciudad de Calais, si Fouquerolles ve que persiste ella en su deseo (...) le dirá que Enrique IV se ve en la obligación de convenir con ella la cesión de la ciudad, a condición de que la conserve como garantía de una suma (...) hasta que esta sea reembolsada». Sin embargo, esta vez, Isabel Tudor, enormemente acosada por las deudas, no pudo aceptar —y esto nos da una muestra del estado en el que se encontraba en aquellos momentos el Tesoro inglés—, tan apetecible oferta.

Las sucesivas guerras contra Francia también habían esquilmado las riquezas de España. En consecuencia, tras tres años de horribles enfrentamientos, y tras comprender que aquella confrontación no llevaba a ningún sitio, decidieron los dos Estados enfrentados, firmar, el 2 de mayo de 1598, en Vervins, la paz. Calais regresaba, de nuevo, a manos francesas.

IX. LOS ÚLTIMOS AÑOS DEL REINADO

> *¡No, damisela!* —dijo el orgulloso templario levantándose como movido por un resorte—. *No te impondrás sobre mí de este modo. Si renuncio a mi fama actual y a mi futura ambición, lo hago por ti, y huiremos juntos.*
>
> WALTER SCOTT, *Ivanhoe*

Lord Essex y la cuestión irlandesa

Desde que en 1541 el gobernador general designado por Enrique VIII para servirle en los territorios de Irlanda, sir Anthony, consiguiera que el Parlamento de la isla reconociera al rey inglés como legítimo soberano de estos territorios, la empresa de Irlanda, ardua y dificultosa, había ocupado un lugar predominante en la política exterior de la familia Tudor.

Aunque no daba Isabel la misma importancia que su padre a las conquistas, pronto cobró la de Irlanda, aún inconclusa, singular trascendencia para ella. Eran sus habitantes acérrimos defensores de la religión de Roma, y como por aquel entonces eran los españoles y el papado los principales enemigos que tenía Inglaterra, temía la reina que los católicos se sirviesen de los puertos y territorios de la isla para arribar, alzados en armas, hasta ella.

Se hicieron las cosas especialmente difíciles para Isabel a partir de la década de 1570, sobretodo después de que en 1575 el caudillo irlandés James Fitzmaurice viajara a Roma y se entrevistara con el Papa Gregorio XIII, explicándole todo lo que en su tierra acaecía, con la esperanza de que el Sumo Pontífice le brindara sus apoyos. Escuchó atentamente la propuesta el Papa, ya acostumbrado a conjurar contra la reina, y, tras ello, le expresó que, muy gustosamente, trataría de satisfacer aquel deseo.

Encargó el Papa la expedición a un viejo pirata llamado Thomas Stukeley, que, pese a no olvidar la empresa que se le había encomendado, decidió marchar antes hasta Marruecos, donde, bajo la égida del rey de Portugal, estaba a punto de iniciarse una nueva cruzada contra el Islam. Empero, esta arriesgada empresa, fruto de los sueños de don Sebastián, terminó el 4 de agosto de 1578 con la desastrosa batalla de Alcazarquivir, donde, además del rey portugués y de los más importantes caballeros de la nobleza lusa, fallecieron buena parte de los hombres que el Papa había puesto al servicio de la causa irlandesa, entre ellos, el capitán Stukeley.

El 17 de julio de 1579 desembarcó Fitzmaurice en la bahía de Dingle, tornando así a Irlanda tras cuatro años de ausencia. Se reunió al poco con sus hombres, y, tras presentarles los únicos cincuenta soldados que, tras el desastre de Marruecos, había reclutado en España y en Italia, apresuradamente, para su causa, pidió a todos, entre vivas a la libertad, y asegurando que preferiría morir antes que verse esclavo de una soberana extranjera, que le ayudaran a expulsar a los ingleses de la zona del Munster.

Poco después, y con tan pocos refuerzos, las tropas del caudillo irlandés —que nunca vería las victorias de los suyos, pues falleció al poco de regresar a su tierra— consiguieron rendir aquella región y situar a sus habitantes en contra de la reina.

Inquietaron en Inglaterra sobremanera las acciones de los irlandeses, y a Isabel, que ya se imaginaba a los católicos marchando, indolentes, sobre su reino, más que a ningún otro. «Si Su Majestad no utiliza la espada sin piedad —le escribiría uno de sus generales por aquel entonces—, perderá la espada y el reino». Así que, temiendo lo que de aquellas victorias podía preverse, decidió la reina enviar un contingente de soldados de reemplazo hasta la isla vecina con orden de detener, a toda costa, aquel alzamiento.

En poco tiempo, y después de que se sucedieran enormes crueldades en uno y otro bando, los ingleses, comandados por lord Grey de Wilton, arribaron el «Fuerte del oro», el centro de operaciones de los rebeldes. El general inglés inició entonces el sitio de aquella fortaleza y, tras acampar con sus tropas en torno a esta, esperó a que los católicos le ofrecieran la rendición. Poco después, en noviembre de 1580, viéndose vencidos por las tropas enemigas, los rebeldes decidieron entregar sus espadas.

El rencor y el deseo de venganza se impusieron entonces a todo sentimiento de piedad. Así, sin mostrar compasión alguna, y sin que pareciera importarles que sus victimas fueran hombres o mujeres, soldados o campesinos, lord Grey de Wilton, secundado por la reina —que, no por ser una «amante de la paz», como tantas veces sus hagiógrafos han dicho, dejaba de sentirse inflamada por el olor de la sangre enemiga—, ordenó asesinar a todos los católicos que se habían encerrado en aquel lugar. Sólo unos pocos oficiales, que decidió guardar como moneda de cambio para futuros rescates, escaparon de los terribles filos de las espadas y hachas de los verdugos ingleses.

Los contemporáneos se refirieron a aquella terrible carnicería con el nombre de «la masacre de Smerwick», y de su magnitud da buena cuenta el hecho de que aquellos hombres, enormemente acostumbrados a los desastres de la guerra, se hicieran tanto eco de la misma.

No terminaron, sin embargo, las penurias para los habitantes de la isla. Enseguida, y, en parte, por culpa de la política agraria llevada a cabo por Inglaterra, sobrevino al país una tremenda hambruna que segó, entre marzo y septiembre de 1582, las vidas de treinta mil irlandeses. De esto dio un escalofriante testimonio el poeta Spenser, cuando, al referirse a los habitantes de la zona del Munster, a quienes había tenido ocasión de ver con sus propios ojos, escribió: «su miseria ha llegado a tal punto, que hasta los corazones más duros se lamentaría por ellos. En cada paraje de los bosques y las cañadas se arrastran, sobre sus manos, porque sus piernas ya no pueden sostenerles. Su anatomía es como la de un muerto, parecen fantasmas que han surgido de sus tumbas, incluso se alimentan de carroña».

Quince años después, comandados por Hugh O'Neil, el conde de Tyrone, y con la ayuda de Felipe II, los irlandeses, desesperados por librarse del yugo inglés, se alzaron de nuevo. Este nuevo líder, que años atrás había jurado lealtad a la reina, consiguió, el 14 de agosto de 1598, en Yellow Ford, la mayor victoria que logró jamás sobre Inglaterra un caudillo irlandés. Los cuerpos exangües de dos mil ingleses quedaron aquel día, entre despojos de escudos y de armas, sobre el campo de batalla.

Cuando llegó a Londres la desoladora noticia, Isabel reaccionó con muestras de sincero dolor. ¿Cómo era posible —preguntaba, llorosa, a cuantos se acercaban a ella— que aquellos medio hombres, aquellos bárbaros incivilizados de extravagantes costumbres que habitaban en insalubres ciénagas y mefíticos pantanos, hubieran conseguido derrotar, y de tan contundente forma, a lo más granado de la nobleza inglesa?

Pasó el tiempo, y la inmensa consternación y la sorpresa inicial fueron cediendo paso, poco a poco, a la rabia y al deseo de venganza; y así, sin demasiadas cavilaciones, Isabel ordenó que se mandaran a Irlanda nuevos soldados con la misión de castigar, cuanto antes, y lo más cruelmente posible, a todos los rebeldes.

La difícil empresa recayó sobre los hombros de Robert Deveraux, el conde de Essex, un carismático joven —había nacido en 1566—, de bello rostro, elegantes gestos y vigoroso porte, altamente apreciado, por sus gracias, entre las damas de la corte.

No fue tampoco inmune a sus encantos la reina Isabel, pues ésta, al poco de conocerle, hizo de él su favorito. Y, en virtud a tal ofrecimiento, actuaron éstos entre sí, tanto la reina como su súbdito, con una familiaridad y un apego inusuales en dos personajes de tan distinta condición.

¿Vivieron Isabel y Essex, como aseguraron tantos historiadores, una historia de amor apasionada que se truncó trágicamente por el carácter orgulloso y ambicioso de los protagonistas y de las obligaciones que la reina había contraído con sus súbditos? ¿O es más cierta la versión, extendida por sus enemigos, que retrata a Isabel, como una envejecida Dido que, incapaz de renunciar a los placeres que le procuraba, retenía a su lado a su joven Eneas?

Fuera como fuese, no hay duda de que su amistad nunca fue lo bastante férrea como para que Robert Deveraux pudiera inmiscuirse en las tareas de gobierno. De hecho, como bien estima la historiadora Anne Somerset, es posible que el gran error que cometió este joven fuera el considerar que aquellas acciones que interpretaba con su soberana en su vida privada podían igualmente representarse en la vida pública.

Andaba convencido el favorito de que la incursión irlandesa le reportaría la gloria y la fama, además de algún cargo de importancia en la Corte, pues sentía que, hasta la fecha, había merecido más méritos de los que su soberana le había otorgado. De hecho, poco después de que regresara de Cádiz, la reina, disgustada, a diferencia de su pueblo, por los resultados, decidió, en un gesto que denota bien cómo era su personalidad, otorgar el cargo de Secretario de Estado, que tanto tiempo el favorito había ambicionado, a su eterno rival Robert Cecil, hijo del insigne William.

El 27 de marzo de 1599, entre vítores y fastos, se encaminó Essex, por la ruta que le permitiría arribar a Irlanda. En todas partes los ingleses se arremolinaban para observar el gran concurso de gentes que le acompañaba. Iba delante el favorito, detrás, los principales caballeros del cortejo, y, cerrando el desfile, las tropas, compuestas por mil cuatrocientos jinetes y dieciséis mil soldados.

Días después, el 13 de abril, después del pertinente viaje, los barcos ingleses fondearon en la salvaje Irlanda. Y a partir de aquel momento, dejó de sonreír la fortuna al favorito.

Jugábase mucho en aquella acción y cuando, al llegar a Irlanda vio que el número de hombres que había allí era menor al que él esperaba, decidió contravenir las órdenes de su reina y postergar, a la espera de que arribasen más soldados, el enfrentamiento con Tyrone. Al ser notificada de esta decisión, Isabel envió un mensajero a su favorito para decirle que ella le había ordenado rendir la sedición, y que, y así lo esperaba, debía cumplir esa misión con los hombres que tenía. Sin embargo, Essex, que temía que los numerosos enemigos que tenía en la Corte estuvieran en aquellos momentos envenenando los oídos de la reina, en lugar de obedecer sus órdenes, volvió a remitirle sus quejas.

Respondió Isabel negándole nuevamente los socorros, y, éste, enfurecido, siguió enviando cartas a la Corte con constantes y lastimeras lamentaciones: «Sólo percibo de Inglaterra críticas y heridas a mi alma. Mi ejército habla a mis espaldas de la mala voluntad que Vuestra Majestad me guarda (...) Estoy armado contra quienes me atacan de frente, pero no contra los que me hieren por la espalda. Os ruego que Vuestra Majestad me deje terminar una vida que ya se me hace insoportable. Sólo cuentan para mí mi deber y mi lealtad».

Fue por aquel entonces cuando Isabel, alertada por los comentarios de los suyos, comenzó a temer las acciones que podía emprender su favorito contra ella. En los pasillos de la Corte, y la reina no era ajena a estos rumores, se decía que su querido lord Essex estaba otorgando a sus soldados numerosos honores (tiempo después se debatiría si era conveniente para el reino mantener el altísimo número de Caballeros que había ordenado durante los seis meses que había dirigido los destinos de Irlanda) con la única intención de comprar su apoyo y lealtad y lanzarse junto a ellos hasta Inglaterra para hacerse, mediante un golpe de estado, con el gobierno del país.

Igualmente opinan esto algunos historiadores, pues sabemos que por aquellas fechas Mountjoy, uno de los aliados de Essex, escribió al joven rey Jacobo VI, pidiéndole que apoyara con sus ejércitos la marcha armada que el favorito planeaba emprender sobre Londres.

El 6 de septiembre se reunió Essex en el vado de Bellaclinthe con el rebelde Tyrone y acordó con él una sospechosa tregua de seis semanas. Cuando Isabel fue informada de esta decisión no pudo mostrarse más contrariada, pues no podía creer que alguien que había asegurado la rendición de Tyrone se comportara de tan extraña guisa.

Mientras tanto, en la Corte seguían todos hablando mal de Essex, mostrando a la reina los fallos que estaba cometiendo, asegurándole que sus acciones no parecían preludiar nada bueno para el reino. Así, ante tanta habladuría, acabó conviniendo ésta que era mejor no poner tantas tentaciones al alcance de la mano de aquel hombre que tantas simpatías desataba entre su pueblo y que, por derecho de sangre, pues era familiar suyo, estaba en disposición de convertirse, algún día, en el soberano de Inglaterra.

Volvió Essex a Londres el 28 de septiembre, y, al poco de entrar en la ciudad, se dirigió al Castillo de Nonsuch, donde se alojaba la reina, que, en sus propios aposentos, y en ropa de noche, se reencontró con él. Debe tenerse en cuenta, pues esta es la principal baza que juegan los que defienden su inocencia, que, con esta acción, Essex, tras presentarse, voluntariamente, desnudo de armas y de ejércitos, quedaba a merced de sus enemigos. Una acción, sin duda, demasiado temeraria para alguien que, en principio, estaba preparando una rebelión contra su reina.

Fuera como fuese, al día siguiente tuvo que comparecer Essex ante el Consejo para responder por sus acciones. Le acusaban de haber contravenido las ordenanzas, de haber nombrado demasiados cargos durante su mandato en Irlanda y de haber regresado a Inglaterra pese a no haber recibido orden alguna para hacerlo.

Este proceso se alargó más de lo esperado, y así, no se dictó sentencia hasta el 5 de junio de 1600. Aquel día, en virtud de las pruebas recogidas, se consideró a Essex culpable de todos los cargos y, como castigo, se le privó de todos sus privilegios.

Aquel hombre acostumbrado a los lujos y a las delicadezas de la vida de palacio tuvo que apartarse así de aquello que más adoraba. Además como su soberana no le permitió renovar el monopolio de la importación de vinos, del que había obtenido pingües beneficios, tuvo que observar cómo, a partir de aquella fecha, su hacienda iba, poco a poco, decreciendo. ¡Qué diferente había sido su destino del que había imaginado al partir a Irlanda! Su nombre resonaba burlonamente en las gargantas de sus enemigos. Su orgullo había sido domeñado. Ni siquiera sus viejas artes y encantos parecían hacer mella en el frío corazón de su señora.

Todo ello hizo que Essex escribiera a Isabel una lastimera carta: «Soy arrojado por vos como pasto a las más viles criaturas del mundo. Hablan de mí los charlatanes de la taberna; me difaman los autores de libelos, inventándose escritos y palabras; acabaré algún día en una obra de teatro. Y vos, mi Dama, que siempre me habíais protegido, ni siquiera queréis recibir mis cartas y escucharme, y esto no lo habéis hecho ni con los traidores».

Guardamos un testimonio, de John Harington, en el que se retrata a Essex en un estado casi cercano a la locura: «Creo que el fracaso de la ambición conduce a la locura, y el estado de Essex me lo confirma. Pasa del arrepentimiento y de la sumisión a la ira, dando la sensación de no estar en sus cabales.» Empezó a creer entonces el favorito que los hombres que rodeaban a la reina ponían en peligro la unidad inglesa, e incluso llegó a convencerse de que Robert Cecil había entrado en tratos con España para traicionar a su país. Y así, al final, entre ese continuo entrechocar de pensamientos, decidió apartar del poder, a través de un golpe de estado, a aquellos hombres que, según él creía, tanto daño estaban causando a su soberana. Y aunque, rápidamente, consiguió los apoyos de algunos de los más importantes nobles de Inglaterra —entre ellos, el conde de Rutland, el conde de Bedford, Lord Sandys o Henry Wriothesley, que ya le había acompañado durante su incursión en Irlanda—, le faltaron, para su desgracia, los del rey Jacobo VI de Escocia, con quien, con el fin de conseguirle como aliado, se había estado carteando los últimos meses.

El plan original que los rebeldes habían urdido se trastocó por culpa de un suceso que acabó con semanas y semanas de proyectos. Resultó que en la mañana del sábado 7 de febrero de 1601 recibió lord Essex un mensaje consignado por Robert Cecil en el que se le pedía que asistiera al Consejo que aquella tarde iba a tener lugar en la Corte. Sorprendió tanto tal noticia a Robert Deveraux que, creyéndose descubierto, despachó de su casa con una excusa a los hombres que venían a buscarle y contactó con los conspiradores para darles cuenta de la nueva situación. Acordaron éstos, tras muchas pláticas, que el levantamiento debía llevarse a cabo al día siguiente, una vez que, tras llegar a Londres, se unieran al millar de hombres que, semanas atrás, había prometido para la causa golpista Thomas Smyth, el Sheriff de la ciudad.

Poco después de que arribara el alba, los conjurados apresaron a los enviados de Cecil, que, nuevamente, se habían dirigido hasta allí, esta vez con órdenes de llevarse con ellos, como fuera, a Essex, y, tras maniatarlos y confinarlos en la casa, salieron de allí en dirección a Londres.

Al poco, Essex, seguido de doscientos hombres, entró en la capital, y, ante todos, exclamó: «¡Por la reina, por la reina! ¡Se ha tramado una conspiración contra mí! ¡Alguien quiere entregar Inglaterra a los españoles, nuestros enemigos!».

Nadie, sin embargo, reaccionó ante estas palabras.

Sorprendido, Essex aclaró su voz, y tras repetir, nuevamente, aquellas palabras, aseguró que era necesario apartar del poder a los traidores que gobernaban el país.

Volvió, sin embargo, a recibir el viejo favorito los mismos silencios. Nadie parecía reaccionar. Nadie salía a las ventanas. Asustado por la inesperada reacción, Essex, en aquella terrible mañana de invierno, comenzó a sudar.

Viendo que nadie escuchaba sus palabras, se dirigió rápidamente, atenazado por un desesperado nerviosismo, a la casa de Thomas

Smyth, donde éste, amistosamente, le ofreció, además de ropas limpias, un cubilete de cerveza fresca. Sin embargo, cuando, calmado por aquellos gestos, Essex le pidió los apoyos que le había prometido, el Sheriff le contestó que había cambiado de opinión y que ya no podría contar con él para nada más.

Tras la negativa de Smyth, Essex comprendió que los miembros del Consejo habían sido informados de la intentona conspirativa.

Efectivamente, uno de los conjurados, Ferdinand Gorges, había confesado ante los hombres de la reina todo lo que en aquellos momentos el viejo favorito preparaba; así que ésta, una vez informada de todo, había ordenado a los suyos, con una frialdad y una calma sorprendentes, que detuviesen inmediatamente a los principales organizadores de la conjura.

Ensilló Essex su caballo y volvió apresuradamente bridas hasta su residencia. Una vez allí, tras esquivar algunos controles reales, descubrió que los hombres que Cecil había enviado esa mañana ya habían sido liberados por los hombres de la reina.

Los soldados de Isabel llegaron a la residencia muy poco después de que lo hiciera Essex. Al oír sus voces, sintió el otrora favorito una muda y sombría desesperación, y, viéndose ya perdido, se abalanzó a los escritorios y cajones de su casa para destruir, antes de que acabasen en manos enemigas, todos los papeles incriminatorios que allí guardaba —entre ellos, tal vez, la correspondencia personal que había mantenido con Jacobo VI de Escocia—; una vez hecho esto, y tras considerar que aún podría apelar a la piedad y a la indulgencia de su querida soberana, salió de su mansión y entregó su espada al representante de los soldados reales, el almirante Nottingham. Pocas horas después, precedido por soldados armados y de sirvientes provistos de llameantes antorchas, cruzaba las puertas de la Torre de Londres.

El 19 de febrero un tribunal declaró a lord Essex culpable de alta traición, y, en virtud de esta resolución, fue condenado a muerte. Poco había podido hacer ante las numerosas pruebas, papeles y testigos que se habían presentado contra él y que probaban que era él el cabecilla de la conspiración. Ni siquiera había escapado Essex a los dardos envenenados de Francis Bacon, uno de sus más fieles amigos, que, tras ver que los apoyos a su viejo camarada podrían costarle el honor, y tal vez la sangre, no había dudado en darle la espalda.

Aunque ha sido bien criticado por aquel acto, cabe mencionar que este insigne pensador, que años después daría obras tan significativas para el ámbito de la filosofía como *El avance del conocimiento* (1605) o *Novum Organum* (1620) (por las que, un tanto inexactamente, se le otorgaría la paternidad de la filosofía empírica y de la investigación científica modernas), había hecho hasta la fecha todo cuanto había podido por su amigo, y que, sólo cuando fue consciente de que éste no tenía salvación, decidió apartarse de él.

Sólo un día tardó Isabel en rubricar, impertérrita, la sentencia. Con María Estuardo la había firmado varias veces, y otras tantas la había vuelto a revocar. En cambio, en esta ocasión, sólo mostró cavilaciones en una ocasión. Ni siquiera mostró piedad cuando un triste y cuitado Devereaux, en aquellos momentos totalmente distante del orgulloso hombre que había partido hacia Irlanda, le suplicó el perdón.

Nada iba a salvar a Lord Essex, Robert Deveraux, de treinta y cuatro años. El día 25, apartado de los ojos de las multitudes, fue conducido hasta el cadalso y allí, sobre el tablado, tal y como correspondía a un condenado a muerte, pidió a Dios que perdonara todos sus pecados: «Soy un miserable pecador (...) He cometido más pecados que cabellos hay sobre mi cabeza. Mi juventud pasó en la lujuria y la fornicación. He estado henchido de orgullo, vanidad y amor a los placeres. Podría haber hecho más bien, e hice demasiados males (...) Que Jesucristo perdone mis pecados, y que Su Majestad perdone el peor de todos». Tras decir esto, se arrodilló, y dejó que se ejecutara la sentencia. Cayó así el primer golpe del hacha, haciéndolo, según un testigo, antes de que pudiera concluir sus oraciones; mas, como no había sido éste todo lo certero que se esperaba, hubo de descargar el verdugo un segundo golpe, y, al ver que aún no había logrado su objetivo, aún tuvo que dar un tercero. Tras éste rodó, al fin, la cabeza de lord Essex por el patíbulo.

Triste final para un hombre que una vez había rendido el corazón de una reina de Inglaterra.

Se pusieron al poco en marcha los mecanismos propagandísticos de la reina, que esparcieron y derramaron por toda Inglaterra innumerables calumnias contra el sentenciado, convirtiendo a este antiguo héroe caído en desgracia en un traidor ambicioso que había puesto en peligro la seguridad de todos los súbditos de la Corona. Actuaron de tal guisa porque Isabel vivía uno de sus momentos de mayor impopularidad de todo su gobierno y consideraban los suyos que era necesario apagar lo antes posible las pasiones que aún levantaba Essex entre el pueblo inglés.

Sin embargo, las acciones panfletarias que se organizaron no consiguieron empañar la memoria del noble, pues el pueblo, cada vez más convencido de que había sido tratado injustamente por la reina, siguió coreándole y aclamándole.

Isabel, en cambio, habría de sufrir, desde muy pronto, el terrible peso de aquella decisión.

Muestra este episodio a la Isabel más fría y deshumanizada de todo su reinado. Parecía que, como reina, estuviera inhabilitada para mostrar al mundo sus emociones. En el pasado se había obligado a renunciar a las inapropiadas y estériles pasiones y había procurado escaparse de los incómodos sentimientos y de las frustraciones que estos a menudo pueden reportar. Ahora, con la ejecución de Essex, dejaba caer sobre sus hombros la más impenetrable de sus máscaras.

X. EL FIN

La mayor locura que puede hacer un hombre en esta vida es dejarse morir, sin más ni más, sin que nadie le mate, ni otras manos le acaben, que las de la melancolía.

MIGUEL DE CERVANTES, *Don Quijote de la Mancha*

Sobrevivió Isabel a Robert Deveraux poco más de dos años, y llegó al fin de sus días de tan lastimera guisa que pocos habrían podido reconocer en aquella dama que sostenía su tambaleante trono a la orgullosa, briosa y obstinada reina que había gobernado Inglaterra durante más de cuatro décadas.

Fue a verla por aquel entonces el embajador del rey Enrique IV, y la halló en tan mísero estado que en la carta en la que dio cuenta de lo visto al soberano francés aseguró que la reina Isabel se encontraba «cansada de vivir» sin que «nada pareciera contentar su espíritu ni consiguiera divertirle». Aún fue más directo y crudo el testimonio del escritor John Harington: «Isabel se halla desconcertada y afectada (...) no cuida su aseo (...) come únicamente plan blando y sopa (...) Se mueve de un lado a otro de su habitación, golpeando el suelo con el pie y desgarrando furiosamente la tapicería con una vieja espada».

Isabel estaba sola. En 1588 había fallecido Robert Dudley, el conde de Leicester, y ya entonces había sentido la melancolía de las cosas que se terminan. Dos años después había fallecido Francis Walsingham, su avispado secretario; y, diez años más tarde, en agosto de 1598, William Cecil, lord Burghley, que había trabajado para ella sin descanso, con envidiable tesón y con sorprendente energía, hasta el final de sus días.

Hasta la fecha, para superar las tristezas, había contado la reina con la compañía de su querido Essex, que, con sus chanzas y juegos, con su belleza y sus atractivos, le había recordado, en todo momento, que su corazón seguía latiendo. Con él, había aprendido a reírse, al fin, de sí misma, del mundo y de sus enfermedades.

Y, sin embargo, y por su propia mano, aquel joven yacía ahora en una tumba.

Los testimonios de Harington y del embajador francés —perpetuados a lo largo de los siglos por historiadores y novelistas que se empeñaron en presentar a una reina «poseída de mortal tristeza que arrastrose más bien que vivió, por todos sus palacios, sin permanecer más de un mes en ninguno» tras la pérdida de su favorito y que «ni volvió a prestar atención seria a los negocios, ni hubo para el placer ni distracción alguna»—, pueden, sin embargo, inducirnos a engaño, pues la reina, tras la ejecución de Essex, ya fuera por la rabia, ya fuera porque necesitaba escapar de la triste realidad, decidió para ocultar así su melancolía, llenar la Corte de diversiones, lujos, fastos y joyas. Así, mientras aún muchos lloraban al viejo favorito, ella organizaba grandilocuentes fiestas en su Palacio, que acompañaba muchas veces de cenas, cacerías, meriendas, bailes, música y representaciones de teatro.

Ella misma, lejos de descuidar su aspecto, trataba de aparecer más radiante que nunca. Se maquillaba cuidadosamente, empalideciendo su tez, de acuerdo a la moda de la época; vestía su enflaquecido y pequeño cuerpo con suntuosos y extravagantes vestidos, adornados, siempre, con piedras preciosas; y portaba, para ocultar sus nevados cabellos, llamativas y caras pelucas.

Sin embargo, y para que aquellos artificios no se vieran enmudecidos por las crueles realidades, Isabel, según testimonió John Clapham, ahuyentó durante sus últimos años los espejos. No quería enfrentarse a aquel «yo» envejecido que tanto detestaba y que le mostraba a una mujer rendida por las circunstancias de la vida, desdentada y enjuta, de rostro apergaminado, nariz aguileña y baldadas manos. En realidad, sólo quería reflejarse en los ojos de sus allegados, en aquellos destellos cóncavos y deformantes que le permitían mantener la mascarada que constantemente representaba.

¿Al fin el sucesor?

Desesperaban entretanto los consejeros de Isabel con la lenta parsimonia con la que su soberana seguía encarando el tema de su sucesión. Jamás había permitido ésta que hablaran de ello en su presencia, torciendo el gesto y mostrándose malhumorada cuando alguno osaba recordarle la incómoda cuestión, y aunque habían supuesto muchos que cuando llegara a la vejez terminaría, obligada por las circunstancias, con la penosa incertidumbre que durante cuatro décadas había azorado al reino, ésta, sorprendiendo a todos, persistió en su intención de guardarse para sí aquel tema.

Así, todo aquello que se había conseguido durante su mandato, todas las mejoras económicas y sociales, el mismo puesto de honor y prestigio que había conseguido para Inglaterra en el panorama internacional, corrían el riesgo de derrumbarse violentamente por los caprichos de esta obstinada reina. Ni siquiera los horrores que podrían sucederse en Inglaterra si a la fecha de su muerte no se había designado un heredero, pues la existencia de diez posibles sucesores hacía prever que aquel día podría iniciarse un cruento enfrentamiento capaz de teñir de sangre y fuego las tierras de su reino, parecieron convencerle de lo contrario. Incluso se jugaba con la posibilidad de que Felipe III de España —Felipe II había fallecido el 13 de septiembre de 1598, tras largos padecimientos, en el monasterio del Escorial— tratara de emprender, de nuevo, la conquista de Inglaterra, pues podría hacer valer así los derechos que tenía su hermana, la infanta Isabel Clara Eugenia, en la sucesión al trono.

Sin embargo, ni siquiera el fantasma de una incursión española en su tierra, acontecimiento que, por otra parte, a causa de la enorme crisis que el Rey Prudente había legado a su hijo tras su muerte, resultaba harto difícil, convencía a Isabel de la necesidad de designar a un sucesor.

Un ejemplo para comprender de qué modo le disgustaba este tema: un día se enteró Isabel de que algunos de sus nobles planteaban para la sucesión a la princesa Arabella Estuardo, la hija del hermano pequeño de Lord Darnley; pues bien, disgustada y enfurecida, ordenó, mostrando así cuán lejos podía llegar para evitar que la cruel e insensible cuestión sucesoria se mostrara ante sus ojos, que se encerrara a esa posible rival en la Torre de Londres.

Aquel que alcanzara la Corona de Inglaterra daría enormes poderes a sus allegados, valedores y protegidos. Con razón a los nobles ingleses urgía el tiempo, pues ni siquiera la reina quería darles una pista sobre la sucesión.

Al final, hastiados de la insondable persistencia con la que su soberana rechazaba sus proposiciones, cada bando empezó a entablar, a espaldas de Isabel, conversaciones con los posibles candidatos.

Pronto empezó a susurrarse en la Corte, con mayor fuerza que otros, el nombre del rey Jacobo VI de Escocia, el hijo de María Estuardo.

Sin embargo, la desconfiada reina se mostraba muy poco dispuesta a otorgar la Corona de Inglaterra a aquel joven que había contactado en el pasado con algunos de sus más enconados enemigos. No perdía ocasión para declarar que no le agradaban su tibieza y sus interesadas maneras, ni tampoco la ambigüedad que hasta la fecha había mostrado ante sus súbditos.

Y, sin embargo, pese a las quejas de la reina, parecía éste el candidato que más posibilidades tenía de sucederle en el trono de Inglaterra. Bien sabía esto el avispado Robert Cecil, quien, a la muerte de Essex, se puso, secretamente, en contacto con él para iniciar las conversaciones que le convertirían, pocos años después, en el rey Jacobo I de Inglaterra.

La cuestión irlandesa

No era aquel el momento para abandonar la empresa de Irlanda, y menos, después de las ofensas que habían infligido sus habitantes a la Corona. Así, y como estaba, además, en lontananza el rey Felipe III, hijo y sucesor de Felipe II, urdiendo nuevamente tratos con los rebeldes para liberar la isla y situar después su bota sobre Inglaterra, la reina, temerosa de que su reino, y, por ende, su vida, corrieran peligro, decidió organizar una ofensiva que permitiera terminar de una vez por todas con aquella insurrección que tantos quebraderos de cabeza y sinsabores le estaba causando.

Mandó esta vez a la cabeza de los ejércitos a Sir Charles Blount, Lord Mountjoy, que ya desde muy pronto había deseado comandar aquella empresa, pero que, a causa de las ambiciones personales de Lord Essex, se había visto relegado de la misma.

Sin embargo, estuvo el recién llegado más acertado que su predecesor, y así, gracias a sus estrategias, logró, en muy poco tiempo, arrebatar a sus enemigos una gran parte de sus territorios.

El enfrentamiento final entre los dos bandos se sucedió en Kinsale el 31 de diciembre de 1601. Allí, tras ser sometidos por los golpes de sus enemigos, más poderosos y terribles que nunca, los de Tyrone, entre soldados heridos, estandartes con los sellos de los combatientes, banderas, espadas, picas y lanzas, y con el sonido de fondo de las explosiones de los cañones, que ahogaban los gritos de vencedores y vencidos, se vieron obligados a emprender la retirada. Al finalizar el día, dos mil irlandeses quedaban, exangües, sobre el campo de batalla.

Fiel a su principio de que únicamente el aniquilamiento total de los rebeldes impediría que el pueblo irlandés volviera a levantarse, ordenó Isabel, cruel e implacable, que se castigara, sin excepción, a todos los que se habían atrevido a levantarse contra ella.

De su sed de venganza da buena cuenta el hecho de que, cuando los suyos le informaran de que las tropas españolas de Don Juan de Águila habían decidido capitular ante los ingleses, tras comprobar que nunca jamás podrían alcanzar el territorio en el que se ocultaba Tyrone, la reina no pudiera disimular la consternación que le causaba el que aquellos hombres hubieran escapado con vida.

Sorprende aún más esta campaña que buscaba aniquilar las fuerzas hostiles si tenemos en cuenta los gastos que ésta suponía, y más en aquel tiempo en el que el reino vivía una de sus peores crisis económicas. Cuando los consejeros de Isabel se reunieron con ella para avisarle de lo conveniente que era ofrecer una rendición digna para Tyrone con el fin de que éste, que, arrinconado en el Ulster tras la derrota sufrida el 31 de diciembre, se defendía férreamente de los enemigos, rindiera sus armas y dejase de prolongar una guerra que, pese a que tenía perdida, aún podía costar enormes efectivos monetarios y personales a las arcas del Estado, les respondió ésta diciendo que no estaba dispuesta a permitir que ese antiguo súbdito saliera impune de su traición.

Sólo tras muchas insistencias permitió Isabel que los suyos ofrecieran a Tyrone la posibilidad de capitular. De este modo, después de recibir la concesión de la reina, y sabiendo que su enemigo no tendría más remedio que aceptar, partió Lord Mountjoy hacia el feudo del cabecilla rebelde.

Nunca imaginó el irlandés que fuera a rendirse ante un reino del que Isabel ya no era soberana. Cuando el 30 de marzo, tras unas cortas negociaciones, selló con su firma el documento en el que, tras ratificar su rendición, juraba servir, nuevamente, a la Corona inglesa, hacía ya varios días que la reina había fallecido.

El Parlamento de 1601 y el «Golden Speech»

El 27 de octubre de 1601 se inició el último Parlamento que Isabel habría de presenciar. Entró en la sala, tremendamente envejecida, casi tambaleante, y se acercó, ayudada por algunos de sus hombres, hasta el trono. Quienes tenían suficiente memoria para ello, pudieron comprobar lo poco que se parecía la joven que, en 1559, había reunido a sus diputados por primera vez, nerviosa, inexperta, llena de vitalidad y con el semblante pleno de alegría, con aquella mujer debilitada y malhumorada que caminaba dificultosamente ante ellos.

Aunque no vivía la reina el mejor de sus momentos, aún supo hacerse, durante aquel Parlamento, con el cariño de todo su pueblo. Quiso Isabel, consciente de que aquella podría ser la última ocasión que reuniera a los suyos, despedirse de una manera especial, y así, profirió un bello discurso, el «Golden Speech», que provocó los aplausos y las lágrimas de todos los suyos. Éste empezaba así:

Os aseguro que no ha habido príncipe que haya amado más a sus súbditos (...) No hay joya, por muy valiosa que sea, tiene para mí mas precio que vuestro amor. Mucho más que cualquier tesoro o cualquier riqueza, que todo aquello a lo que le pongamos precio, pues el amor y las gracias son para mí imposibles de valorar. Y, aunque Dios me ha llevado muy alto, y he gozado de la gloria de mi Corona, no ha habido mayor bien para mí que el haber reinado sobre vosotros, mi pueblo bienamado. Y si tengo que agradecer a Dios que me hiciese Reina, es por haber podido gobernar sobre vosotros. (...) Sólo deseo vivir muchos más días para que pueda ver vuestra prosperidad. (...) Agradezco que Dios me haya escogido como instrumento para preservaros de todo peligro, deshonor, vergüenza, tiranía y opresión (...) Sobre mí, he de decir esto: nunca he sido codiciosa, avara, ni tiránica, ni tampoco gastadora. Mi corazón nunca estuvo puesto en nada terrenal. (...) Me gustaría deciros lo que siente mi corazón, pero mi lengua no sabe expresarlo.

Interrumpió entonces Isabel sus palabras para pedir a los diputados que se levantasen, pues en aquellos momentos, como mandaba el protocolo, estaban de rodillas:

Deseo que os pongáis de pie, pues el discurso será largo y no quiero cansaros. Me habéis dados las gracias, pero dudo que tengáis que agradecerme las cosas más que yo a vosotros (...) Siempre he tenido el Día del Juicio Final ante mis ojos y sé que algún día deberé responder por mi gobierno ante el Gran Juez, pero sí he abusado en mis generosidades y mis acciones han acabado hiriendo a mi gente, contrariamente a mis deseos (...) espero que me perdonéis. Sé que el título de un Rey es glorioso, pero tened por seguro que la brillante gloria de la autoridad principesca no debe deslumbrar los ojos de nuestro entendimiento, por eso conocemos bien y recordamos que también debemos rendir cuenta de nuestras acciones ante el Gran Juez. Ser un rey y portar una corona es algo muy glorioso, pero es más fácil mirarla, deslumbrante, que portarla, pues es esta una carga de gran peso. Puedo decir que nunca me tentó la gloria de la autoridad real, pero debo decir que es delicioso que Dios hiciera de mí un instrumento que permitiera mantener su verdad y su gloria y que permitiera defender su reino del peligro, del deshonor, de la tiranía y la opresión. Nunca una Reina se sentó en su trono con mayor deseo de cuidar celosamente a su país, y cuidar de mis súbditos, dispuesta a poner en peligro su vida por la felicidad y la seguridad de los suyos. Por esto mantengo intactos mis deseos de vivir, para reinar sobre todos vosotros. Habéis tenido, y tendréis, príncipes mucho más poderosos y sabios en el trono, pero nunca ninguno os cuidó y os amó más que yo.

Cuenta el cronista que el contenido del discurso emocionó tanto a los diputados que a su término las lágrimas desbordaban las mejillas de todos los presentes. Tras esto, la reina se levantó del trono y les tendió la mano para que pudieran besarla.

El fin

Nada parecía preludiar que el fin de Isabel arribara tan repentinamente. La reina inició el año 1603 con tan formidable vigor que cuando a principios de febrero recibió en audiencia al embajador de Venecia éste la encontró tan lúcida y feliz que, poco después, al comunicar la entrevista a los suyos, comentó que Isabel estaba en «excelente estado de salud y en perfecta posesión de todos sus sentidos», asegurando, incluso, que aún «no había perdido toda su belleza»:

Vestida de taffetas, con bordados de oro. Tenía el vestido abierto y mostraba el pecho hasta los senos. Portaba un collar de perlas y rubíes, perlas en las muñecas a modo de pulseras; sus cabellos eran de un rubio diferente a todos los que la naturaleza podía dar, plenos de joyas, granates, rubíes y brillantes, y descansaba sobre ellos la corona imperial. Se sentaba sobre un trono, y a su lado estaban el arzobispo de Canterbury, el lord canciller, el lord tesorero, el lord gran almirante, el secretario de Estado y todo el Consejo; mientras que el salón estaba lleno de gentileshombres, damas y músicos.

Pocos días después de este recibimiento, perdía Isabel la salud, y entraba en un estado de melancolía y tristeza del que ya nunca jamás conseguiría escapar.

Por aquellas fechas, razón que se acostumbra a esgrimir para explicar la causa por la que la reina se dejó arrastrar por esa mortal desilusión, llegó a la Corte la noticia del fallecimiento de la Condesa de Nottingham, una de las pocas amigas que habían acompañado a Isabel en todos los pasos que había dado en su larga vida. La noticia dejó a la reina en un estado tal de melancolía y abandono que, cuando, al poco, comenzó a padecer una serie de inoportunas molestias físicas, ni siquiera intentó, como si ya se sintiese derrotada en su batalla contra el tiempo, luchar contra su enfermedad.

Irreconocible, desdentada, con las manos agarrotadas, con las piernas hinchadas, tendida sobre cómodos cojines, la reina Isabel, más ausente que nunca, dejó pasar a partir de entonces, sin ilusiones, sus últimos días. Ausente, apartaba sus descoloridas pupilas de todo aquel que intentaba hablar con ella, y solo cambiaba el gesto serio de su cara cuando se intensificaban los dolores punzantes que atormentaban su cuerpo.

Comprobé —escribió un contemporáneo— *que su enfermedad no procedía más que de la melancolía de la que no la podían persuadir ni los Consejos, ni los eclesiásticos, ni los médicos, ni las mujeres que a su vera se hallaban. Ni siquiera se acercaba a tocar los posibles remedios. Se encontraba obstinadamente silenciosa la mayor parte del tiempo; y estaba convencida de que, si se acostaba, nunca jamás se levantaría. No fue posible llevarla a su cama hasta tres días antes de su muerte.*

Pasó así sus últimos días, observando lánguidamente cuanto había a su alrededor, sin querer reparar realmente en nada, sin que los esfuerzos de los suyos lograsen avivar las llamas de su corazón. «No sufro...—diría en una ocasión—, pero me alejo».

¿Qué debió ocupar su mente? ¿Acaso, tras comprobar que la mayoría de sus amigos habían muerto, sintió que ya había terminado su tiempo? ¿O tal vez los remordimientos por haber ejecutado a su querido Essex, siempre latentes, inundaron al fin su corazón? ¿Se desprendió súbitamente de aquella máscara que había tejido cuidadosamente durante toda su vida?

El 24 de marzo de 1603, entregada a un dulce sueño, y tras demostrar ante el mundo que había perdido por completo las ganas de seguir luchando, falleció Isabel Tudor. Ese mismo día, mientras en Londres se escuchaba el sonido de las trompetas, que sonaban, por última vez, en su honor, varios correos salieron a galope del Palacio de Whitehall para comunicar la grave noticia a los principales señores del reino.

Los nobles se esforzaron en propagar una conveniente versión en la que se afirmaba que la reina Isabel había designado en sus últimos momentos de vida a Jacobo I de Escocia como heredero del trono inglés. De ser esto cierto, y conste que hay motivos para dudar de ello, podríamos decir que la reina se ocupo de cerrar a su muerte el círculo que durante tanto tiempo se había empeñado en mantener abierto.

No se equivocaron los que pronosticaron graves desdichas a la muerte de Isabel, pues con el nuevo monarca, que comandaría Inglaterra con el nombre de Jacobo I, se inició una época de inestabilidad que terminó, tras una guerra civil en la que se enfrentaron el Parlamento y los defensores de la monarquía, con la ejecución de su sucesor, el rey Carlos I, y el advenimiento de la República de Cromwell.

Las exequias de Isabel se celebraron el 28 de abril con toda la serie de lujos y disposiciones que ordenaba el protocolo inglés. Se vistió su cuerpo con el traje real y se situó sobre su cabeza la corona imperial. Precedían el cortejo doscientas sesenta mujeres, seguidas por los oficiales, los heraldos, los escuderos, los clérigos, los regidores, el grupo de miembros del Consejo, los grandes oficiales y los pares del reino. Tras todos ellos iba, tirado por cuatro caballos, el coche fúnebre, con la efigie de la soberana, hecha de cera, tan real, que estremecía a su paso a todos los que habían acudido hasta allí para dar el último adiós a su soberana. Marchaban, después, las damas de honor, que tantas vivencias habían compartido con Isabel, y, finalmente, cerrando la comitiva, la guardia real.

Llegaron así a la Abadía de Westminster, la misma en la que, cuarenta y cuatro años antes, un 15 de enero de 1559, había vivido Isabel su día más feliz, y dejaron su cuerpo, entre solemnes ceremonias, al lado de las tumbas de Enrique VII, su abuelo, el primer Tudor que había sostenido la Corona en la Historia de Inglaterra, y de, por una asombrosa —o, tal vez, no tanto— coincidencia, María Estuardo, su desafortunada prima. Las dos reinas, que habían llevado vidas tan distintas, estaban abocadas a contemplar, juntas, el paso de los siglos.

CRONOLOGÍA

1533 — A finales de enero se casa Enrique VIII de Inglaterra con su amante Ana Bolena.
— El 1 de junio Ana Bolena es coronada reina de Inglaterra.
— El 1 de julio Enrique VIII es excomulgado por Clemente VII.
— El 7 de septiembre, en el Palacio de Placentia de Greenwich, nace Isabel Tudor
— El 10 de septiembre se celebra el solemne bautizo de la pequeña Isabel.

1534 — En marzo promulga Enrique VIII la «Ley de Sucesión», la cual designa a Isabel Tudor como única heredera del trono de Inglaterra. María Tudor, su hermanastra, hija de un matrimonio ya disuelto, pierde todos sus derechos a la sucesión.
— El 25 de septiembre muere Clemente VII y le sucede Paulo III.

1535 — El 15 de enero Enrique VIII se convierte en el «Jefe supremo de la Iglesia de Inglaterra». Rompe sus lazos con la Iglesia Católica.
— El 6 de junio Tomás Moro es ejecutado por negarse a reconocer a Enrique VIII como «Jefe supremo de la Iglesia».

1536 — El 7 de enero muere Catalina de Aragón.
— El 19 de mayo Ana Bolena es ejecutada en la Torre de Londres por orden de su esposo, acusada de los delitos de traición, adulterio e incesto.

- El 30 de mayo Enrique VIII casa con su tercera esposa, Juana Seymour.
- El 12 de junio muere Erasmo de Rotterdam a los 69 años de edad.
- Disolución de los monasterios ingleses.

1537 — El 12 de octubre nace Eduardo Tudor, el futuro Eduardo VI. Su madre, Juana Seymour, muere pocos días después, el 24 de octubre, por culpa de la enfermedad que le sobreviene tras el parto.

1538 — Jacobo V de Escocia se casa con María de Guisa.

1540 — El 6 de enero se casa Enrique VIII con su cuarta esposa, Ana de Clèves.
- El 9 de julio se divorcia Enrique VIII de su cuarta esposa.
- El 28 de julio se casa Enrique VIII con su quinta esposa, Catalina Howard

1541 — Enrique VIII se autoproclama rey de Irlanda y se titula «Jefe de la Iglesia de Irlanda».

1542 — El 13 de febrero, tras ser acusada de traición y adulterio, Catalina Howard es ejecutada.
- El 8 de diciembre nace María Estuardo, en Escocia. Es hija de Jacobo V y de María de Guisa. Se convierte en reina pocos días después, cuando su padre, el 14 de diciembre, muere. Se encarga su madre de la regencia.

1543 — El 24 de mayo muere Copérnico, a la edad de 70 años.
- El 12 de julio se casa Enrique VIII con su sexta y última esposa, Catalina Parr.
- El 20 de noviembre muere Hans Holbein.

1544 — Guerra anglo-francesa.

1545 — El 13 de diciembre se celebra la primera sesión del Concilio de Trento.

1546 — El 18 de febrero muere Martín Lutero, iniciador de la reforma protestante.

1547 — El 16 de enero Iván se autocorona Zar de Rusia. Será el primero en portar este título.
- El 28 de enero muere el rey Enrique VIII. Su hijo Eduardo VI es el nuevo rey de Inglaterra. Su tío Eduardo

  se encarga de la regencia y pasa a ser el lord Protector de Inglaterra.
- El 20 de febrero Eduardo VI es coronado rey.
- El 3 de marzo muere Francisco I, a la edad de 52 años.
- En mayo se casan en una ceremonia secreta Catalina Parr, reina viuda de Inglaterra, y Thomas Seymour, hermano de Eduardo Seymour.
- María Estuardo se traslada a Francia. Vivirá allí hasta la muerte de su esposo.

1548   — El 7 de septiembre muere Catalina Parr. Poco después Thomas Seymour entabla contactos con la adolescente Isabel Tudor para desposarse con ella.

1549   — Se descubre la conspiración que está urdiendo Thomas Seymour contra el Lord Protector y el 20 de marzo es ejecutado.
- El 14 de octubre un golpe de estado destituye a Somerset de la regencia. Le sucede el duque de Northumberland.

1550   — El 4 de junio Robert Dudley se casa con Amy Robsart.

1552   — El 22 de enero Eduardo Seymour es ejecutado.

1553   — El 6 de julio muere el joven rey Eduardo VI. Juana Grey es proclamada reina por deseo del fallecido y de Northumberland. María Tudor se alza en armas para hacer valer el testamento de Enrique VIII y depone, poco después, a la reina inglesa.
- El 19 de julio María Tudor es proclamada reina. El catolicismo vuelve a ser la religión oficial de Inglaterra.
- El 3 de agosto María camina triunfalmente por las calles de Londres. Isabel va a su lado.
- El 30 de octubre tiene lugar la ceremonia de coronación de María Tudor.

1554   — Fracasa el 7 de febrero la conspiración de Wyatt.
- Isabel, acusada de participar en la conspiración de Wyatt, es trasladada el 18 de marzo a la terrible Torre de Londres. Dos meses después será trasladada hasta Woodstock.

	— El 25 de julio se casa María Tudor con el príncipe Felipe de España (el futuro Felipe II)
1555	— Se suceden las primeras persecuciones antiprotestantes ordenadas por María Tudor. Primeras ejecuciones.
1556	— El 21 de marzo muere el Arzobispo Thomas Cranmer en la hoguera tras ser acusado de herejía.
1557	— El 7 de julio María Tudor declara la guerra a Francia.
	— El 10 de agosto se sucede la batalla de San Quintín. Los franceses sufren una estrepitosa derrota ante los españoles.
1558	— El 7 de enero los franceses arrebatan a los ingleses el estratégico enclave de Calais.
	— El 24 de abril tiene lugar el enlace entre María Estuardo y el delfín Francisco, hijo de Enrique II de Francia.
	— El 21 de septiembre muere el Emperador Carlos V a los 58 años.
	— El 17 de noviembre muere María Tudor e Isabel es proclamada reina.
	— El 20 de noviembre accede William Cecil a la secretaría de Estado.
1559	— Se sucede el 15 de enero la espectacular ceremonia de coronación de Isabel Tudor.
	— Entre el 25 de enero y el 8 de mayo tiene lugar el histórico primer Parlamento de la reina Isabel, en el que se instituye nuevamente el protestantismo.
	— El 2 de abril se firma el Tratado de Cateau-Cambrésis. Pone éste fin al dilatado conflicto que ha enfrentado durante largos años a España y a Francia.
	— El 10 de julio muere Enrique II de Francia. Le sucederá Francisco II. María Estuardo, su esposa, se convierte en reina de Francia.
	— A mediados de este año se hace más intensa la relación que mantiene Isabel con su «Master of the Horse», Robert Dudley.
1560	— El 6 de julio el tratado de Edimburgo pone fin a la guerra interna de Escocia entre el gobierno católico y los

rebeldes protestantes. Un mes después se instaura oficialmente el protestantismo en Escocia.
— En agosto se inicia en Irlanda el levantamiento de Sean O'Neill.
— El 7 de septiembre muere en extrañas circunstancias Amy Robsart, la esposa de Robert Dudley.
— El 5 de diciembre muere Francisco II, le sucede Carlos IX y se encarga de la regencia su madre Catalina de Médicis. María Estuardo pasa a ser la reina viuda de Francia.

1561 — El 19 de agosto María Estuardo regresa a Escocia.
— En Irlanda tiene lugar la rebelión de O'Neill.

1562 — El 1 de marzo se inician las guerras de religión francesas. El reino entrará en uno de los periodos más oscuros de toda su historia.
— El 19 de septiembre Isabel y los hugonotes franceses firman el tratado de Hampton Court.

1563 — Entre el 12 de enero y el 10 de abril tiene lugar el segundo Parlamento de Isabel I.
— En marzo la reina Isabel pretende casar a su favorito, Robert Dudley, con María Estuardo.
— El 4 de diciembre de 1563 finaliza, casi veinte años después de su inicio, el Concilio de Trento.

1564 — El 6 de febrero nace Christopher Marlowe.
— El 8 de febrero muere, a los 88 años de edad, Michaelangelo Buonarroti.
— El 15 de febrero muere el astrónomo Galileo.
— El 11 de abril se firma el tratado de Troyes, que pone fin a las guerras entre Francia e Inglaterra.
— El 23 de abril nace William Shakespeare.
— El 27 de mayo muere Juan Calvino.

1565 — El 28 de julio casan María Estuardo y Lord Darnley.
— Muere la gobernanta de Isabel, Kat Ashley.
— John Hawkins introduce el tabaco en Inglaterra.

1566 — El 9 de marzo es asesinado David Rizzio en Edimburgo.

	— El 19 de junio nace en Escocia el primer y único hijo de María Estuardo, Jacobo Estuardo, que años después será rey de Escocia y de Inglaterra.
	— El 10 de noviembre nace Robert Devereaux.
1567	— El 10 de febrero muere Enrique Darnley en un atentado en su residencia de Kirk O'Field.
	— El 15 de mayo casan María Estuardo y James Bothwell.
	— El 6 de junio se produce la batalla de Carberry Hill. María Estuardo es hecha prisionera.
	— El 24 de julio abdica María Estuardo a favor de su hijo Jacobo VI de Escocia.
	— El 6 de octubre Margarita de Parma renuncia a la gobernación de los Países Bajos y es sustituida por el Duque de Alba.
1568	— El 5 de mayo María Estuardo huye de su prisión de Lochleven.
	— El 16 de mayo María Estuardo llega a Inglaterra. En breve, será hecha prisionera por los hombres de Isabel.
	— El 4 de octubre se abre la conferencia de York.
1569	— En octubre y noviembre tiene lugar la fracasada revuelta católica de los nobles ingleses del norte.
1570	— El 25 de febrero el papa Pío V promulga la bula *Regnans in Excelsis*. Con ella se hace oficial la excomunión de la reina Isabel de Inglaterra.
	— Los españoles introducen la patata en Europa.
1571	— En la primavera de este año Roberto Ridolfi emprende una serie de viajes por España e Italia para liberar a María Estuardo.
	— El 25 de febrero William Cecil es nombrado lord Burghley.
	— En septiembre los hombres de la reina desbaratan la conspiración de Ridolfi.
	— El 7 de octubre tiene lugar la histórica batalla de Lepanto.
1572	— El 29 de abril se firma el tratado de Blois entre Francia e Inglaterra.

	— Entre el 8 de mayo y el 30 de junio tiene lugar el cuarto Parlamento de Isabel de Inglaterra.

- Entre el 8 de mayo y el 30 de junio tiene lugar el cuarto Parlamento de Isabel de Inglaterra.
- El 1 de junio es ejecutado el duque de Norfolk.
- El 26 de agosto se sucede la matanza de la «noche de San Bartolomé».

1573 — El 18 de diciembre llega a los Países Bajos don Luis de Requesens.

1574
- El 30 de mayo muere el rey francés Carlos IX, a los 24 años de edad, y le sucede Enrique III.
- Muere el 12 de diciembre Selim II.

1576 — Muere el Emperador Maximiliano II a los 49 años de edad.

1577 — El 13 de diciembre inicia Drake su famosa vuelta al mundo.

1578
- El 4 de agosto muere Sebastián de Portugal.
- El 1 de octubre fallece don Juan de Austria en el campamento de Namur.
- El 13 de octubre Alejandro Farnesio sustituye a Juan de Austria en los Países Bajos.

1579
- El 23 de enero los Países Bajos del Norte proclaman su independencia.
- Llega Jean Simier a Londres para negociar el enlace de Isabel I con Francisco de Alençon.
- El 3 de noviembre John Stubbs es castigado por su libro *El abismo sin fondo*. La reina, tras haber intentado castigarle con la muerte, ha de conformarse con cortarle una mano.

1580
- A principios de año los Países Bajos del Norte piden ayuda a Francisco de Alençon.
- El 10 de enero, tras la muerte del rey Enrique I de Portugal, Felipe II se convierte en el nuevo soberano del territorio. A sus posesiones y colonias se unen así las de Portugal.
- El 10 de noviembre se sucede el desastre de Smerwick, en Irlanda.

1581 — El 4 de abril Francis Drake es nombrado caballero.

- El 1 de noviembre llega Francisco de Alençon a Inglaterra. Isabel se muestra encantada ante este hombre que pretende desposarse con ella y que combate en los Países Bajos contra los españoles.
- El 1 de diciembre es ejecutado el jesuita Edmund Campion.

1582 — El 5 de octubre el Calendario Gregoriano es adoptado en los países católicos.

1583 — Iván IV mata a su hijo en un ataque de furia.

1584 — El 18 de marzo muere Iván el Terrible.
- El 10 de junio muere Francisco de Alençon.
- El 10 de julio Guillermo de Orange, el líder protestante, es asesinado.

1585 — El 7 de junio se establece la primera colonia inglesa en América.
- El 10 de agosto firma Isabel el tratado de Nonsuch, por el que se compromete a ayudar militarmente a los rebeldes de los Países Bajos contra España.
- El 10 de diciembre arriba a los Países Bajos al mando de las tropas inglesas el conde de Leicester.

1586 — Entre los días 14 y 15 de octubre tiene lugar el juicio de María Estuardo, después de que se haya descubierto la llamada «conspiración de Babington».
- El 20 de septiembre Babington es ejecutado.

1587 — El 1 de febrero firma Isabel la orden de ejecución de María Estuardo.
- El 8 de febrero María Estuardo es ejecutada en el castillo de Fotheringay.
- El 10 de abril Francis Drake saquea Cádiz.
- El 18 de agosto nace Virginia Dare, el primer bebé inglés que nace en América.

1588 — El 28 de mayo parte de Portugal la *Armada Invencible*.
- El 8 de agosto Isabel pronuncia el famoso discurso de Tilbury. Poco antes se ha producido la derrota de la *Armada*.
- El 4 de septiembre muere Robert Dudley, conde de Leicester.

1589	— El 5 de enero muere Catalina de Médicis.
	— En abril y junio Isabel intenta situar a Don Antonio en el trono portugués. Fracasa ante los hombres de Felipe II.
	— El 1 de agosto muere asesinado Enrique III.
1590	— Los ejércitos rebeldes de los Países Bajos toman Breda el 25 de febrero.
	— El 6 de abril muere Walsingham.
1592	— Muere el 3 de diciembre Alejandro Farnesio en los Países Bajos.
1593	— El 19 de febrero se abre el octavo Parlamento que va a presidir Isabel durante su reinado.
	— El 1 de junio Christopher Marlowe es asesinado.
	— El 25 de julio Enrique IV se convierte oficialmente al catolicismo.
1594	— El 22 de marzo Enrique IV es coronado rey de Francia.
1595	— El 17 de enero Enrique IV declara la guerra a España.
	— El 12 de noviembre muere Hawkins.
1596	— El 28 de enero muere Francis Drake.
	— El 14 de abril los españoles toman Calais.
	— El 26 de mayo se firma en Greenwich una alianza anglo-francesa contra España.
	— El 22 de junio Lord Essex saquea e incendia la ciudad de Cádiz. A su vuelta, en julio, descubre que la reina ha nombrado a Robert Cecil, su enemigo, como nuevo secretario de Estado.
	— En octubre el rey Felipe II envía a sus naves, por segunda vez, contra Inglaterra. Al poco, éstas regresan, destruidas por las inclemencias meteorológicas.
1597	— El 24 de octubre se abre el noveno Parlamento que presidirá la reina Isabel.
1598	— El 2 de mayo España y Francia firman el tratado de Vervins.
	— El 4 de agosto muere William Cecil, lord Burghley.
	— El 14 de agosto el líder irlandés Tyrone consigue una terrible victoria contra los ejércitos ingleses en Yellow Ford.

	— El 13 de septiembre muere el rey Felipe II de España. Le sucede su hijo Felipe III.
	— Finalizan las guerras civiles de Francia.
1599	— El 27 de marzo, entre salvas, vítores y aplausos, parte lord Essex a Irlanda.
	— El 25 de abril nace Oliver Cromwell.
	— El 28 de septiembre regresa Essex, tras haber contravenido en repetidas veces las órdenes de Isabel. Ésta ordena arrestarlo.
	— Muere Edward Spenser.
1601	— El 8 de febrero tiene lugar el fallido golpe de Estado de Essex.
	— El 25 de febrero Essex, tras ser declarado culpable de alta traición, es ejecutado.
	— El 21 de septiembre desembarcan los españoles en Irlanda.
	— El 27 de octubre se abre el décimo y último Parlamento que presidirá Isabel. Pronuncia aquí el mítico «Golden Speech».
1602	— El 2 de enero los ingleses toman el fuerte de Kinsale.
1603	— El 5 de marzo Isabel cae enferma, sin que los médicos encuentren solución alguna para mejorar su estado.
	— El 24 de marzo muere Isabel I de Inglaterra. Le sucede Jacobo VI de Escocia, que a partir de entonces será Jacobo I de Inglaterra.
	— El 30 de marzo Tyrone se rinde ante Isabel, sin saber que ésta ya había fallecido una semana antes.
	— El 28 de abril tienen lugar los funerales de la reina de Inglaterra.

BIBLIOGRAFÍA

* Isabel I de Inglaterra

BELLOQ, Hilaire: *Isabel de Inglaterra*, 1.ª ed., Éditions Ferni, 1976.
CHASTENET, Jacques: *Isabel I de Inglaterra*, 1.ª ed., Planeta, 1963.
DUCHEIN, Michel: *Isabel I de Inglaterra*, 1.ª ed., Javier Vergara. 1994.
GONZÁLEZ RUIZ, Nicolás: *Dos reinas. La católica y la protestante. Isabel de España, Isabel de Inglaterra*, 1.ª ed., Editorial Cervantes, 1947.
HUDDLESTON, Sisley: *Isabel de Inglaterra*, 1.ª ed., Editorial Moretón, 1968.
HURTSFIELD, Joel: *Elizabeth I and the unity of England*, 1.ª ed., Penguin Books, 1971.
MARTÍNEZ FALERO, Jesús: *Perfil histórico y psicobiológico de dos reinas: Isabel I y María Estuardo*, 1.ª ed., Productos Roche, 1971.
NEALE, John E.: *Queen Elizabeth*, 7.ª ed., Academy Chicago Publishers, 1992.
NEVILE, Williams: *The life and times of Elizabeth I*, 1.ª ed., Weidenfeld and Nicolson, 1992.
SITWELL, Edith: *Trompetas para Isabel*, 1.ª ed., Planeta, 1991.
SOMERSET, Anne: *Elizabeth I*, 4.ª ed., Phoenix, 1997.
STRACHEY, Lytton: *Isabel y Essex*, 2.ª ed., Lumen, 1984.
WILSON, Mona: *La reina Isabel*, 1.ª ed., Espasa Calpe, 1947 .

* Isabel y su tiempo

BATE, Jonathan: *El genio de Shakespeare*, 1.ª ed., Espasa, 2000.
BENNASSAR, B., *La España del siglo de oro*, 1.ª ed., Crítica, 1983.
BERTIER DE SAUVIGNY, G.: *Historia de Francia,* 1.ª ed., Rialp, 1986.

BOWLE, John: *Enrique VIII*, 1.ª ed., Ediciones Grijalbo, 1970.
COLOMA, Luis: *La Reina Mártir*, 1.ª ed., Tebas, 1976.
GÓMEZ-CENTURIÓN GIMÉNEZ, Carlos: *La Inglaterra isabelina*, Cuadernos Historia 16, n.º 37 (1996).
CHURCHIOLL, Winston S.: *Historia de los pueblos de habla inglesa. El nuevo mundo (volumen 2)*, 1.ª ed., Luis de Caralt, 1960.
DUCHEIN, Michel: *María Estuardo: la mujer, el mito*, 1.ª ed., Emecé, 1991.
ELLIOT, J. H.: *La Europa dividida 1559-1598*, 4.ª ed., Siglo XXI, 1981.
FERNÁNDEZ ÁLVAREZ: *Felipe II y su tiempo*, 1.ª ed., Espasa, 1998.
— *Felipe II, Isabel de Inglaterra y Marruecos (un intento de cerco a la Monarquía del Rey Católico)*, 1.ª ed., Instituto de estudios africanos, 1951.
FRASER, Antonia: *Las seis mujeres de Enrique VIII*, 1.ª ed., Javier Vergara, 1993.
— *María Estuardo, Reina de los escoceses*, 1.ª ed., Plaza y Janés, 1972.
HACKETT, Francis: *Enrique VIII y sus mujeres*, 4.ª ed., Juventud, 1975.
KAMEN, Henry: *El siglo de hierro: cambio social en Europa, 1550-1560*, 1.ª ed., Alianza, 1977.
— *La sociedad europea, 1500-1700*, 3.ª ed., Alianza, 1986.
KOENIGSBERGER, H. G., y MOOSE, George L.: *Europa en el siglo XVI*, 1.ª ed., Aguilar, 1974.
MARÍN, Jorge: *La coronación en Inglaterra*, 1.ª ed., Juventud, 1953.
MARTÍN, Colin, y PARKER, Geoffrey: *La Gran Armada, 1588*, 1.ª ed., Alianza, 1988.
MICHELET, Jules: *Historia del satanismo y de la brujería*, 3.ª ed., Dédalo, 1989.
ONEGA, Susana: «Los aragoneses vistos por Shakespeare», en *Aragón en el mundo*, 1.ª ed., Caja de Ahorros de la Inmaculada, 1988.
PARKER, Geoffrey: *Felipe II*, 2.ª ed., Alianza Editorial, 1998.
ZWEIG, Stefan: *María Estuardo*, 3.ª ed., Juventud, 1978.

* Novelas históricas y obras de teatro publicadas en español dedicadas a Isabel I:

BRUCKNER, Ferdinand: *Isabel de Inglaterra. Drama en cinco actos*, 1.ª ed., Nueva Visión, 1961.

Ford Madox, Ford: *La quinta reina de Enrique VIII*, 1.ª ed., Edhasa, 2002.
Höfele, Andreas: *El confidente*, 1.ª ed., Tusquets, 2001.
Maxwell, Robin: *El bastardo de la reina*, 1.ª ed., Edhasa, 2002.
Thane, Elswyth: *La moza de Tudor, la juventud novelesca y amorosa de Isabel de Inglaterra*, 1.ª ed., Mundo Atlántico, 1945.
Scott, Walter. *El conde de Leicester (Kenilworth)*, 1.ª ed., Sopena, 1966.
Spillman, Joseph: *La flor maravillosa de Woxindon: novela histórica de la época de Isabel de Inglaterra*, 5.ª ed., Herder, 1955.
TRANTER, Nigel: *Amo y señor*, 1.ª ed., Plaza y Janés, 1996.

* Filmografía dedicada a Isabel I de Inglaterra:

— *La vida privada de Elizabeth y Essex*. USA, 1939. Dirección: Michael Curtiz. Intérpretes: Bette Davis (Isabel), Errol Flynn (Robert Deveraux)
— *La Reina Virgen*. USA, 1953. Dirección: George Sydney. Intérpretes: Jean Simmons (Isabel), Stewart Granger (Thomas Seymour), Deborah Kerr (Catalina Parr), Charles Laughton (Enrique VIII)
— *Elizabeth R*. Gran Bretaña, 1971. Dirección: Roderick Graham & Richard Martín. Intérpretes: Glenda Jackson (Isabel), Ronald Hines (William Cecil), Robert Hurdey (Robert Dudley)
— *Elizabeth*. Gran Bretaña, 1998. Dirección: Shekhar Kapur. Intérpretes: Cate Blanchett (Isabel), Joseph Fiennes (Robert Dudley), Geoffrey Rush (Walshingham)

```
SP
B E43S

Sarasa Bara, Enrique.
Isabel I, Reina de
Inglaterra : la Reina virgen
Walter ADU CIRC
02/08
```